공정채용
면접관 역량

공정채용 면접관 역량

신은희 지음

조직 적합성과 직무 적합성이 높은 인재를 어떻게 찾아낼까?
공정채용 면접관이 갖춰야 할 K·S·A 역량은 무엇일까?

'지금은 면접관 역량 강화와 PB 전략이 절실히 요구되는 시대'

면접관
지식
Knowledge

면접관
기술
Skill

면접관
태도
Attitude

좋은땅

프롤로그

일정한 규칙에 따라 지속적인 변화가 일어나고 있으나, 그 규칙이 매우 복잡하면서도 불규칙적이고, 불안정한 상태를 유지하기 때문에 미래의 현상을 예측할 수 없는 상태를 일컬어 '카오스(Chaos)'라고 한다. 그리고 언뜻 보기에는 무질서한 것 같지만, 그 안에 일정한 질서가 있는 현상을 가리켜 '카오스적인 신호'라고 한다. 카오스는 초기 그리스의 우주론에서 만물이 생겨나기 이전, 우주의 시원적(始原的) 공허(空虛) 또는 지하세계인 타르타로스(Tartaros)의 어둠과 심연(深淵)을 가리키는 말이었으며, 주로 어떤 혼돈(混沌)의 상황을 표현할 때 사용되고 있다.

그렇게 볼 때 최근 국내외를 막론하고 일어나는 정치·경제 상황이나 사회적 흐름도 일종의 카오스적 현상으로 보인다. 혼돈의 상황을 겪고 있다는 것이다. 특히 21세기에 들어서면서 급격한 과학 기술의 발달, 지역과 국가의 경계를 무너뜨리고 넘나들며 활발한 교류를 통해 형성되는 다변적 사회문화 속에서 현대인들은 과거 그 어느 시대보다도 역동적으로 현재를 살고 있으며, 동시에 다가올 미래에 대한 불안정한 심리를 배제할 수 없게 되었다. 거기에 예고 없이 전 인류에게 닥쳐왔던 코로나 19 바이러스로 인한 팬데믹, 갑작스러운 전쟁, 그리고 이와 흡

사한 재난 상황이 속출되는 지구촌 곳곳의 기후 재해로 인한 예상치 못한 피해들은 그러한 혼란을 더욱 부추기고 있다.

그러나 돌이켜 보면 인류는 이미 오랜 역사 속에서 늘 재난과 전쟁을 겪으면서도 생존을 거듭해 왔고, 혼돈 속에서도 안정을, 무질서 속에서도 질서를 찾으며 발전해 왔던 것이 사실이다. 심리적 불안감이 가속화될수록 오히려 안정을 갈구하고, 그 방법을 찾아가려는 노력이 더 커지는 것 또한 당연한 현상이며, 이는 여러 측면에서 마치 카오스적 신호처럼 나타난다.

그렇게 볼 때, 현재의 삶에서 행복을 추구함과 동시에 미래에 대한 불안감을 해소하고 안정감을 찾기 위해서는 그럴만한 든든한 토대의 조성과 제도적인 정비가 수반되어야 한다. 특히 국가의 안녕과 지속 가능한 사회적 시스템이 그 중추적 기반이 될 것이며, 그것을 만들고 유지해 나가기 위해서는 다양하고 건강한 조직의 존재와 역할이 매우 중요하다. 그리고 그러한 조직 체계를 만들고 발전시켜 가기 위한 가장 핵심적 요소는 무엇보다도 조직 구성원이다. 다시 말해 조직을 구성하고 있는 인적 자원의 역할이 조직의 기능 수행과 경쟁력을 좌우하기에 조직 구성원의 역량은 곧 조직의 미래를 결정하는 키(Key)가 된다.

따라서 조직은 인재를 제대로 채용하는 것이 무엇보다도 선제적으로 달성할 조직 목표라고 해도 과언이 아니다. 그러므로 어느 분야를 막론하고 조직에서는 어떤 구성원을 어떻게 선발하느냐에 대해 깊은 고민에 빠질 수밖에 없다. 특히 국가의 존립과 발전을 위한 기능을 수행하는 공공 조직에서는 공익성을 우선순위에 두면서, 조직 특성과 상황에 적합한 인적 자원 구성을 위해 여러 가지 요소를 고려해야 하므로 더욱 신중해야 한다. 그러기에 '인사(人事)가 만사(萬事)'라고 하지 않는가?

그런데, 최근 우리 사회에서 가장 큰 공통된 이슈로 등장한 화두 중 하나가 바로 '공정(公正)'이다. 이는 깨끗하고 투명한 사회를 갈망하는 '정의(正義)'에 대해 올바른 시스템 구축과 실행, 적극적 실천 과정, 그리고 신뢰할 수 있는 결과를 제시해 주길 바라는 사회적 요구사항이다. 불이익을 당하거나 차별을 받지 않는 것은 물론, 공감되는 과정과 수용 가능한 결과를 원한다. 만약 이에 대해 충족되지 않는다면 이의를 제기하거나 적극적으로 대응하는 것이 자연스럽고 당연한 사회적 통념으로 자리 잡았다.

앞으로도 공공기관에 대한 국민의 공정성 요구는 갈수록 높아질 것이고, 채용 분야에서의 공정성에 대한 수준 높은 기대치에 부응하기 위해서는 상당히 구체적으로 제도를 설계하고 실행해야 할 것이다. 정부에서도 이미 수년 전부터 이러한 지향점을 한층 더 강조하며 공정채용에 관한 법률을 재정비하고 더욱 강력하게 추진하고 있다. 특히 공공기관의 공정채용 프로세스 적용을 의무화하고, 공정성 훼손 사례가 있는지 면밀하게 조사해 위반 시에는 그 처벌 수위를 높여 가고 있다.

그런 의미에서 볼 때 채용 과정의 최종 단계인 면접평가는 공정채용의 극치를 보여 주는 가장 실감 나는 현장이라고 할 수 있다. 왜냐하면 공정채용 시스템하에서 채용기관이 지원자들과 직접 대면하여 실제 행동 관찰 및 질의응답 과정을 통해 생각과 주장을 이해하는 상황은 그 이전 단계에서는 서로 경험할 수 없었기 때문이다. 면접평가를 통해 채용기관은 지원자에 대해, 지원자는 채용기관에 대해 상호 간에 매칭(Matching)하는 기회가 되는데, 각자의 기준에서 적합한 대상자인지 확인하고 찾아가는 과정이며, 이는 공정성을 가늠하는 척도로서 중요한 계기가 된다.

따라서 채용기관으로부터 평가 권한을 위임받아 면접 서비스 제공자의 역할을 맡는 면접관은 공정채용 과정에 한 치의 어긋남이 없어야 한다. 즉 공정채용의 목적과 절차를 정확히 이해하고, 객관적이고 공정한 평가를 위한 전문성과 인성을 갖추어야 한다. 그렇지 않으면 자칫 면접관의 역량 부족이나 실수로 인해 채용단계의 말미에서 회복 불가능한 커다란 오점을 남길 수도 있거니와 무엇보다도 조직과 직무에 필요한 적합 인재 선발이라는 목표 달성을 그르치게 된다. 그야말로 '다 된 밥에 재를 뿌리는 격'이 아닐 수 없다.

그러므로 면접관은 면접평가자에게 요구되는 역량, 즉 면접 지식과 면접 기술, 그리고 면접 태도에 대해 전반적이면서도 깊이 있게 알아야 하고, 끊임없이 학습하면서 역량 강화에 노력해야 한다. 처음 시작하거나 경험이 적은 면접관은 물론 오랫동안 평가했거나 경험이 많은 면접관이라도 관련 교육 프로그램이나 서적을 통해서 지속적인 노력으로 실력을 쌓고, 약점에 대해 개선과 보완을 거듭해 가야 한다.

필자는 이 책, 『공정채용 면접관 역량』에서 앞에서 말한 내용에 대해 하나하나 짚어 가며 연관성 있게 풀어냈다. 즉 채용환경과 채용시장 상황을 알아보고, 공정채용을 위한 면접관의 지식과 기술, 태도 역량에 대해 일목요연하게 정리해 놓았다. 이러한 내용은 필자가 지난 수년 동안 여러 기관의 면접관 교육 과정을 통해 배우고 익히며, 실제 수백여 공공기관의 다양한 채용 면접평가 참여 경험으로 터득하고, 직간접적으로 체험해 온 것이며, 면접관 교육을 담당하면서 축적해 온 전문적 내용까지 구체적으로 포함하고 있다. 따라서 면접관 역량 강화를 위해 필요한 콘텐츠가 A부터 Z까지 모두 담겨 있으며, 생명력 있게 살아 움직이는 지침서가 될 것이다.

특히 'PART V. 면접관의 역량 강화와 퍼스널브랜딩 전략'에는 면접관의 경력 개발과 자기 관리 전략에 대한 필자의 노하우를 공개하였다. 또 면접관의 'DISC 인간 행동 유형별 효과적인 커뮤니케이션 스킬'에 대해 간략하고 핵심적인 내용으로 구성해, 누구나 쉽게 이해하고 효과적으로 적용할 수 있는 핵심 전략을 제시해 놓았다. 그러므로 면접관이라면 모두가 필자의 관점으로 공감하며 읽게 될 것이며, 이를 실천하면서 공정채용 면접관의 역량 강화에 가이드로 활용하기를 바란다.

저자 신은희

목차

PART I.

면접관이 알아야 할
채용환경과 면접문화

Chapter 1

시대와 상황에 따른 채용환경과 채용목표

❶ 역동의 '뷰카(VUCA)'와 혼돈의 '바니(BANI)' 시대

20세기를 지나 21세기에 들어와 우리가 살아가고 있는 사회의 특징에 대해 가장 두드러지게 대표할 수 있는 키워드를 손꼽으라면 무엇일까? 여러 가지가 있겠지만, 그중에서도 '아날로그 방식'에서 '디지털 방식'으로, '현실 세계'에서 '가상 세계'로, 그리고 '인간'에서 '인공지능'이 아닐까? 그리고 특히 최근 수년간에 걸쳐 지역을 넘어 글로벌 충격과의 위기로 엄습해 온 '감염병 팬데믹'과 '기후 변화', '국가 간 전쟁' 그리고 이에 연쇄적으로 일어나는 '경기 침체'와 '인구 감소' 등의 다양한 난제들은 온 세계가 직면해 있는 현상들이다.

이는 시대 상황을 압축해 표현하고 있는 '뷰카(VUCA)'와 '바니(BANI)'라는 용어를 살펴보면 좀 더 쉽게 이해할 수 있다. 먼저 '불확실한 미래'를 대표해 일컫는 용어, 뷰카(VUCA)는 변동성(Volatile), 불확실성

(Uncertainty), 복잡성(Complexity), 모호성(Ambiguity)의 첫 글자를 조합해서 만들어졌다. 이는 1980년대 미국에서 군사 용어로 사용되었었는데, 상황 파악이 제대로 되지 않은 시점에서 즉각적이면서도 유동적인 대응 태세와 삼엄한 경각심이 요구되는 상태를 나타낸 것이었다. 이후 미국이 금융 위기로 상황이 급변하고, 변동성이 너울처럼 커지며 한 치 앞도 예측하기 어려워진 사회경제적 상황에 적용되기 시작했었다. 그 후 미국뿐만 아니라 전 세계적으로 위기 상황들이 여기저기서 쓰나미처럼 일어나면서 예측 불허의 환경을 인식하기 위해 일반적으로 사용되고 있다.

그런데 이는 최근 수년간 인류가 겪고 있는 가장 강력하고도 치명적인 코로나19로 인한 팬데믹 현상과 지구 온난화로 일어나는 기후 재해 등 이례적으로 겹치고 반복되는 현상 속에서 새로운 용어, 바니(BANI)가 등장했다. 바니(BANI)는 부서지기 쉬우며(Brittle), 불안하고(Anxious), 비선형이며(Non-linear), 이해하기 어려운(Incomprehensible) 혼란과 혼돈 상황을 의미하는 용어로 미래학자인 미국 캘리포니아대학 자마이스 카시오 교수가 처음 사용하였다.

지금은 뷰카의 시대를 지나 바니의 시대로 대체되었다기보다는 부카의 시대에 바니의 시대가 더해진 설상가상의 파고를 넘고 있는 것으로 보는 것이 설득력 있어 보인다. 단단하지 못하고 쉽게 부서질 듯한 사회적 기반, 안정적으로 성장을 추구할 수 없는 불안한 시스템, 일관성 없이 시시각각 변화하는 내외적 환경, 그 속에서 치열하게 노력해서 따라가도 끊임없이 진화하며 새롭게 탄생하는 지식과 기술의 발전 속에서 살아가고 있는 현재와 그 파고를 넘고 다가올 미래를 반영해 압축해 놓은 사회 현상인 것이다. 이러한 혼란과 혼돈의 시대 상황은 채용시장의 환경 변화에 큰 영향을 미치게 되었다.

❷ 공정채용 관련 법조항과 시행령의 변화에 따른 채용트렌드 변화

근로 조건의 기준, 노사 관계의 조정, 산업안전보건, 고용 정책, 고용비스, 직업능력 정책 등을 관장하는 국가의 중앙행정기관이 고용노동부다. 특히 고용정책의 일환으로 2014년, '채용절차의 공정화에 관한 법률(이하 채용절차법)'에 다른 시행령으로 채용과정의 공정성 확보와 구직자의 권익을 보호하고 있다. 이 채용절차법 시행령에는 채용광고 및 지원서 접수단계, 채용단계, 채용확정단계로 구성되어 있다. 먼저 채용광고 및 지원서 접수단계에서는 거짓 채용광고 등의 금지, 입사지원서 표준 양식 사용, 출신 지역 등 개인정보 요구 금지, 채용서류의 거짓 작성 금지, 입증 자료 및 심층 심사 자료의 제출 제한을 규정하였다. 그리고 채용단계에서는 채용강요, 금품수수 등의 금지, 채용광고 내용의 불리한 변경 금지, 채용심사 비용의 부담 금지, 채용일정 및 채용과정의 고지가 포함되어 있다. 또 채용확정단계에는 채용 여부의 고지, 채용광고에서 제시한 근로 조건의 불합리한 변경 금지, 채용서류 등의 귀속 강요 금지, 채용서류 반환 및 파기로써 각 단계별 세부 시행사항을 제시해 놓았다.

이러한 채용절차법에 2015년, '국가직무능력표준(NCS)기반 채용'을 도입하면서 직무능력을 갖춘 인재를 선발하는 방식으로 변화하게 되었다. 국가직무능력표준(NCS: National Competency Standards)이란 산업 현장에서 직무를 수행하기 위해 요구되는 지식·기술·소양 등의 내용을 국가가 산업부문별, 수준별로 체계화한 것으로 산업 현장이 직무를 성공적으로 수행하기 위해 필요한 능력(지식·기술·태도)을 국가적 차원에서 표준화한 것을 의미한다. 즉 다양한 산업부문의 직무 내용 및 요구 능력에 대한 채용분야의 평가 기준을 사전에 명확하게 공지하며, 채용단계에서 이를 적용해 직무능력을 갖춘 인재를 선발하기 위함이다.

그리고 2017년, '평등한 기회와 공정한 과정을 위한 블라인드 채용 추진방안'에 이어, 2019년 구직자의 신체조건, 출신지역 등의 입사지원서 기재를 금지하는 내용을 골자로 한 '채용절차의 공정화에 관한 법률 개정안'으로 일명 '블라인드 채용법'이 시행되었다. 이로써 채용의 전반적인 과정에서 편견이 개입되어 불합리한 차별을 야기할 수 있는 출신지, 가족 관계, 학력, 신체조건 등의 편견 요인은 제외하고 직무능력인 실력을 평가하여 인재를 채용하는 방식으로 기존 채용제도의 불공정성을 해소하고 직무 중심 채용이 강조되기에 이르렀다. 또한 공공기관 블라인드 채용의 공정성을 강화를 통해 이러한 공공기관의 공정채용

모델이 민간 기업으로 확산되는 계기가 된 것이다.

　그 후 채용의 공정성을 더욱 강화하고 사회 전반으로 확산시키기 위한 법적 근거를 마련하기 위해 2023년, 이른바 가칭 '공정채용법'이 논의되기에 이르렀다. 여기에는 크게 두 가지가 가장 두드러진 변화라고 볼 수 있는데, 하나는 채용절차법이 가진 한계점, 바로 '상시근로자 수 30인 이상 사업장'에만 적용된다는 것을 정작 불공정 채용이 발생하기 쉬운 상시근로자 수 30인 이하 사업장까지 대폭 확대해 적용된다는 것이고, 또 하나는 위법 시 처벌 수위를 과태료에서 징역형으로 강화함으로써 전반적으로 처벌 성격이 적극적으로 바뀌었으며, 채용비리 조사 불응에 대한 처벌 조항도 신설될 예정이다.

　국민권익위원회가 발표한 보도 자료에 따르면 2023년도 825개 조사 대상 기관에 대한 전수 조사 결과 그중 55%에 해당하는 454개 기관에서 공정채용 위반 사례가 총 867건이 적발되었으며, 채용비리 관련자 68명을 수사 의뢰나 징계 요구를 했다고 한다. 참고로 전체 공직유관단체 1364개 기관 중 539개 기관은 최근 3년간 채용비리가 발생하지 않은 기관으로 조사 대상에서 제외되었다. 이처럼 여전히 공정성 훼손 사례가 끊이지 않고 나타나고 있으며, 최근 5년간(2019년도부터 2023년도)의 채용실태 전수 결과 채용비리로 수사의뢰나 징계 처분 또는 받았거나 업무 부주의로 주의나 경고를 받은 처분 내역애서도 줄어드는 추세이기는 하나, 여전히 발생되고 있었다. 따라서 공정채용에 관한 법률 및 규정, 관리 감독과 적발되는 위반 사례에 대한 처벌이 강화되는 것은 당연한 현상이다.

이 외에도 공기업·준정부기관의 경영에 관한 지침 제16조의 '채용공정성 관리'나 공공기관의 혁신에 관한 지침 제22조 '직무능력중심의 공정채용'은 채용트렌드의 변화를 선도적으로 이끌고 있는 공공기관이나 공기업의 채용절차에 대한 근거와 규정들이다.

❸ 공정채용의 확산을 위한 공감채용 실현

공정채용에 대한 법률적 조항을 강화하고 구체적인 방안이 제시되어 있어도 이를 적극적으로 시행하지 않는다면 그 효과를 기대하기 어렵다. 때문에 이에 대한 실현과 확산을 높이는 것이 중요한데, 그러기 위해서는 무엇보다도 채용기관과 채용지원자가 이에 대해 공감할 수 있어야만 설득력이 있을 것이다. 그래서 고용노동부는 2023년, 이러한 공정채용에 대한 자율적 확산을 위해 '투명', '능력 중심', '공감'을 핵심 가치로 한 '공감채용 가이드 북'을 제시하였다.

이에 따르면 공감채용이란 기업이 구직자를 대상으로 기업의 정보 및 채용과 관련된 정확한 정보를 제공하며, 편견이 개입될 수 있는 직무와 무관한 개인의 속성이 아닌 능력 중심으로 평가하여 구직자에게는 선발 과정 및 결과에 대한 공감대를 증대시키는 채용과정을 말한다. 공감채용 프로세스는 크게 '고용 브랜딩', '채용제도 설계', '모집', '선발'로 이루어진다. 이러한 공감채용의 구성요소는 '투명한 정보 공개'와 '능력 중심의 채용모델 구축'을 통해 구직자와 구인자가 서로 공감대를 형성하는 영역의 확대로 바람직한 공정채용 고용 모델을 구축하게 될 것으로 보인다.

공감채용이 가진 핵심 가치를 조금 더 살펴보면 '투명'은 모집부터 결과 발표까지 채용의 전 과정에서 청년을 비롯한 구직자에게 충분하고 정확한 정보를 제공하는 것을 의미하고, '능력 중심'은 채용과정 중 혼인 또는 임신 계획, 자녀 유무 등의 직무와 관련 없는 개인 정보를 수집하지 않고 직무 역량과 발전 가능성을 평가하는 채용시스템을 마련하는 것, 그리고 '공감'은 청년과 기업이 모두 공감할 수 있는 채용문화를 형성할 수 있도록 구직자의 피드백을 반영한 채용제도 마련 등 기업의 채용자율성과 구직자의 권익 보호를 강화했다. 즉 공감채용이라는 채용과정은 구직자와 기업의 지속적인 피드백과 반영을 통해 상호 간에 공감하는 영역 확대로 기업의 채용브랜드가 될 수 있다.

❹ 직무 적합성과 조직 적합성에 대한 인식 변화의 기류

조직에서 직무에 필요한 새로운 구성원을 선발하는 과정이 인재 채용이다. 따라서 인재 채용과정에서 가장 중요한 두 개의 키워드라면 그 하나는 '직무 적합성', 다른 하나는 '조직 적합성'이다. 그리고 최종 선발 단계인 면접에서는 그 적합성이 가장 높은 인재를 채용하는 것이 목표이다.

그런데 직무 적합성과 조직 적합성을 동시에 충족시키는 최적의 인재를 찾기가 쉽지 않다. 또 최근 공정채용 프로세스가 강화되는 채용 환경 속에서 실력 중심의 직무 적합성 측면이 더 강조되어왔다. 물론 인성 검사나 적성 검사 등을 활용하지만, 짧은 면접 시간을 통해 지원자의 조직 적합성을 평가한다는 것은 매우 어렵다. 그런 측면에서 괄목할 만한 자료가 있는데, 한국바른채용인증원에서 채용전문면접관 2급 이상 자격을 취득한 전문가 441명을 대상으로 실행한 2024년도 채용트렌드에 대한 설문조사 결과에서도 1위(62%)가 '조직문화 적합성(culture fit)'이었다. 지난 2년간 1위였던 '직무 중심 채용'은 3위로 나타났다고 한다.

앞서 말한 바와 같이 최근 우리 사회에서 가장 강조되어 온 트렌드 용어 중 하나는 '차별받지 않을 권리'에 따른 '공정성'으로 채용에 관한 법률과 현장에서도 '공정채용'이 그 무엇보다도 우선순위에 놓여 있었다. 그리고 공정채용을 실현하는 가장 핵심가치는 바로 개인적인 편견과 선입견 요소를 배제하고 오로지 '직무 능력 중심'의 채용과정에 초점을 맞춰 왔던 것이다. 다시 말해 채용분야의 해당 직무에 관한 전문적 지식과 기술의 보유 정도가 가장 중요한 평가 요소가 되었었다.

그런데, 그러한 방식으로 선발된 지원자들이 채용 후, 조직에서 실제 직무를 수행하는 과정에서 많은 문제점들이 나타나기 시작하였다. 직무 수행을 위한 필기시험 성적이나 자격 보유 사항, 경력 등, 지식과 기술의 직무 전문성을 보고, 직무 역량이 높다고 평가되는 지원자들이라도 조직 속에서 직무 수행을 잘해 내지 못하는 상황이 많다는 것이다. 입사 후 조직에 적응하지 못하고 쉽게 퇴사를 하거나, 기존 조직 구성원들에게는 직무 스트레스를 유발해 조직에 큰 부담으로 작용하는 경우가 발생하는 것이다. 이는 자신의 전문 지식과 기술을 업무에 적용시키면서 나타나는 직무 태도, 즉 관계와 소통의 협업 역량의 부족으로, 인성에서 나타나는 문제점들로 보인다. 또 그것이 잘못된 문제가 아니더라도 개인이 타고난 선천적 성향과 후천적으로 형성되어 온 의사소통 유형, 행동 특징 및 습관들이 조직 속에서 생활하면서 자연스럽게 드러나게 되는데 그러한 개인의 특성들이 조직에 스며들고 융합되기에는 상당히 다르거나 차이에서 비롯되는 결과일 것이다.

그리고 기존 조직에서는 우수한 성과를 냈던 역량 있는 인재였을지라도 새로운 조직에서는 역량 발휘를 못 하거나, 심지어 조직 전체의 역량 저하를 초래하는 경우도 발생하고 있다. 이는 조직문화의 차이에서 비롯되는 문제, 즉 조직마다 다른 고유문화가 있는데, 자신의 전문성을 발휘하기에 적합한 상황이 다르기 때문이기도 할 것이다. 다시 말해 사람마다 자신이 좋아하는 상황이 있고, 그것이 조직이 추구하는 가치나 조직 구조와 시스템, 구성원의 경험 등 다양한 요소들로써 조직문화는 조직 구성원의 사고와 행동에 매우 중요한 직무 환경이다.

더구나 단순히 직무 이해도가 높다거나 해당 직무와 관련된 유사 경험이 있다고 해서 조직에 잘 적응하고, 지속 가능하게 직무를 잘 수행해 나가면서 조직 역량 강화에 도움이 될 것인지를 판단해야 한다. 입사 후 몇 달간의 교육이나 적응 기간이면 누구나 이해할 수 있는 직무 이해 정도나 관련 지식 및 기술은 직무 수행 역량 위주의 평가 결과에 오류를 범하기 쉬운 것이다.

그렇다면 하이테크나 고난이도의 전문 분야에서는 어떤 고민이 있을까? 이에 대해 비에스씨HR이 제공하는 비에스씨 뉴스레터에 실렸던 글을 참고해 보자. 세계적인 반도체 제조업체에서 엔지니어 선발을 하는 데 전공 지식을 테스트해야 할지 여부를 놓고 면접관 사이에 입장이 갈렸다고 한다. 한쪽에서는 엔지니어로 일을 하려면 전공을 몰라서는 안 된다고 주장했고, 반대쪽에서는 전공을 알더라도 어차피 입사해서는 다 새로 배워야 하니 굳이 선발할 때 전공 지식 테스트를 할 필요가 없다고 반박하며 인성의 중요성을 강조했다는 것이다. 논의 끝에, 결국은 인성이 기본이 되면서도 엔지니어로서 입사 후 학습을 제대로 하기 위해 반드시 미리 알고 들어와야 할 '선수 지식'을 평가하기로 했고, 그 자리에서 바로 직무별로 '선수 지식' 리스트를 만들었으며, 그걸 제대로 알면 합격, 모르면 불합격을 적용하기로 했다는 사례가 하나의 모델이 될 수 있겠다.

그리고 비에스씨 뉴스레터에서 밝힌, 구글의 자사 내 데이터 분석 후 성과를 예측하는 강력한 소양 네 가지를 보면, 직무 지식보다 앞서 구성원들에게 요구되는 역량들이 무엇인지 알 수 있다. 그것은 '종합 인지 능력', '리더십', '구글다움', 그다음이 직무 지식이라고 한 바와 같이 필수적인 역량인 직무 지식보다 더 우선순위에 두는 역량 요소들이 바로 조직 생활과 관련된 것들이다.

또 Lazlo Bock은 『구글의 아침은 자유가 시작된다』에서 직무 지식에 대해 "지원자에게 검증해야 하는 소양 가운데 가장 중요도가 떨어지는 것은 해당 업무에 대해 실제로 얼마나 많은 지식을 갖고 있는가 하는 점이다. 업무 지식에 기반 하여 동일한 과제를 여러 해 동안 동일한 방식으로 수행해 온 사람은 구글에 입사하고 나서도 자신의 해법을 복제하여 적용할 가능성이 높다. 심리학자 에이브러햄 매슬로는 '갖고 있는 유일한 도구가 망치라면 모든 것을 못으로 생각하고 대응할 것이다.'라고 했다. 이런 대응 방식으로는 새로운 것을 창조할 수가 없다. 대개 열린 마음으로 무엇이든 학습하려는 호기심 많은 사람이 가장 정확한 답을 찾아내며 진정으로 기발한 해결책을 발견해낸다."라고 했는데, 이는 지원자가 실제 조직 생활에서 요구되는 창의적 문제 해결력 등을 위해서는 단순히 직무 지식 보유 정도보다 더 중요한 요소들을 검증하고 찾아내야 한다는 것을 강조했으며 이러한 인식 변화의 기류는 이미 여기저기서 나타나고 있다고 보인다.

이제, 전문성인 직무 적합도를 우선순위로 놓기보다는 그것은 기본적인 요소로 보고, 나아가 경쟁력 있는 지원자의 역량은 조직 적합도, 즉 조직문화에 얼마나 적합한지를 평가하는 것이 중요해졌다. 따라서 지원자의 가치관과 사고 체계를 보여 주는 행동 및 관계와 소통 역량인 직무 인성, 직무 수행 태도에 대한 평가를 위해 점점 더 심혈을 기울이게 될 것이다.

❺ 채용환경 변화에 따른 채용트렌트

앞서서도 밝혔듯이 지금, 그리고 나아갈 미래는 역동성과 혼돈의 시대다. 따라서 채용환경도 시시각각 변화하고 있으며, 채용트렌드는 그러한 채용환경을 반영하고, 성공적인 채용으로 적합 인재, 우수 인재를 선발하기 위해 부단한 노력을 하고 있다. 국가와 정부에서 주도하는 채용법률과 근거 조항들의 변화, 산업 분야에 요구되는 직무 지식과 직무 기술의 변동성과 혁신적 발전, 그리고 채용대상자인 지원자들의 특성과 변화된 구직트렌드까지 고려해야 할 요소들이 매우 다양하다. 어느 하나 중요하지 않은 것들이 없다. 이러한 시대적 상황에 따른 채용환경과 채용트렌드는 앞으로도 한동안 지속될 것으로 보인다.

그러한 채용트렌드 상황에 대한 의미 있는 참고 내용들을 여기에 옮겨 놓고자 한다.

먼저, 앞에서 언급했던 한국바른채용인증원에서 매년 내놓는 채용 트렌드 결과이다. 밝힌 바와 같이 2024채용트렌드로 제시한 항복 중 1위는 ▲ 조직문화 적합성(62%)이었고, 그 뒤를 이어서 ▲ 면접관의 역량과 자질(59%), ▲ 직무 중심 채용(58%), ▲ 공정채용(리스크 관리)(51%), ▲ 채용브랜딩(38%) ▲ 챗GPT 활용 자소서 면접(35%), ▲ 면접 프로세스 강화(발표, 토의)(34%), ▲ 수시, 상시채용 확대(32%), ▲ 채용규모 축소(31%), ▲ 채용 후 온보딩(31%)이었다. 이러한 결과에 대해 조지용 한국바른채용인증원장은 "지난 몇 년간 직무 경험자를 선호한 탓에 인성, 협력, 책임감 등 조직적합성에 대한 검증이 부족했다.", "채용규모의 축소에 따라 공공부문 체험형 인턴, 민간부분 채용형 인턴 및 익스턴십(직무부트캠프) 활용 등이 증가하고, 챗GPT 기술이 자기소개서 및 면접에 활용됨으로써 면접 프로세스가 한층 더 강화될 것."이라고 전망했다.

그런가 하면 매년 채용트렌드에 관한 저서를 출간해 온 『채용트렌드 2024』의 저자 윤영돈 박사는 "대퇴사 시대에 직원들의 조기 퇴사를 막기 위해 개인보다는 조직지향적이고, 조직문화에 잘 적응할 만한 인재를 검증하는 것이 여느 때보다 중요해졌다."고 말했다. 혼돈 상황에 빠진 채용시장에서 '오픈AI의 채팅형AI(인공지능) 챗GPT'의 등장으로 인한 자기소개서 등의 평가 변별력 문제, '퇴사를 준비하는 MZ세대 직원'과 '기업 컬처핏(Culture-Fit·조직문화 적합성)'을 2024년 채용시장의 변화를 이끌 주요 변수로 보았다.

이러한 채용환경 변화를 반영하고 지원자들의 변화하는 구직 욕구를 고려해 채용트렌드도 변화하는 것은 당연하다고 하겠으며, 이러한 추세는 앞으로도 상당히 오랫동안 이어질 것으로 보인다.

Chapter 2.

채용환경과 채용목표가 반영되는 면접문화

❶ 직무 적합도 & 조직 적합도 중심의 역량평가

'지원자가 해당 직무를 수행할 수 있는 역량이 있는가?', '지원자가 우리 조직문화에 잘 적응하며 협업할 수 있는가?', 이 두 가지 질문은 면접평가를 하는 면접관들이 가장 많이 생각하고, 가장 깊게 고민하는 핵심사항이다. 즉, 면접은 면접관이 지원자가 채용 후 담당하는 직무를 잘 수행할 수 있는지, 그리고 조직문화에 잘 적응해 팀워크를 발휘할 수 있는지에 대한 지원자의 보유 역량 및 잠재 역량을 판단하는 과정이다. 다시 말하면 지원자의 직무 수행에 대한 전문성과 조직 적응에 대한 인성을 종합적으로 평가하는 것이다.

그래서 채용면접에서는 '우수 인재 선발'에 앞서 먼저 '적합 인재 선별'을 중요시한다. 왜냐하면 한 개인이 가진 지식이나 기술이 아무리 뛰어나고 출중하다고 하더라도 채용직무를 수행하기 위해 요구되는 전문성이 아니라면 직무 적합도가 낮다고 보이기 때문이고, 개인과 조직 구성원 간의 시너지 효과를 낼 수 있는 가능성이 낮다면 조직문화에 대한 적합도가 부족하기 때문이다. 따라서 지원자의 직무 적합도와 조직 적합도, 이 두 개의 용어는 면접에서 가장 중요하게 다뤄지는 키워드다. 가장 최적의 적합 인재가 조직의 우수 인재라는 의미다.

특히 앞서, 채용트렌드에서 밝혔던 바와 같이 시대적 상황을 반영한 조사 결과나 전문가들의 견해에 비추어 보면 조직 적합도, 조금 더 구체적으로 표현하자면 조직문화에 대한 적합성은 갈수록 더욱 우선적으로 평가하게 될 것이다. 그것은 채용면접은 채용단계에서 최종적으로 의사 결정을 하게 되기 때문에 채용트렌드와 면접트렌드는 분리될 수 없이 가장 밀접한 연관성을 갖는 것이 당연하다.

따라서 면접에서는 지원자가 수행하게 될 직무가 무엇인지, 그리고 그 직무 수행에서 필요로 하는 요구 조건에 대한 정의를 먼저 파악해야 한다. 이러한 내용들은 채용과정에서 대부분 공개되는 직무 내용이나 체계화된 직무기술서에 명시되어 있다. 즉 담당 업무와 그에 따른 요구 능력 단위로써 지식과 기술, 태도 등 필요한 요소들에 대한 부합 정도를 평가해 직무에 대한 전문성의 보유 정도로써 직무 적합도를 평가한다. 그런가 하면 조직 적합도를 위한 평가로써 지원자와 조직문화의 부합 정도에 대해 판단하기 위해 인·적성 검사 결과지를 활용하기도 하고, 개인의 가치관이나 신념, 품성, 성격, 자세 등에 대한 종합적인 인성을 면면히 살펴보게 된다.

그러나 이러한 직무 적합도와 조직 적합도는 매우 포괄적이면서도 구체적, 개별적 특성을 지니는 것으로 짧은 시간에 한두 개의 질문을 통해 정확히 평가할 수 있는 것은 아니다. 그러므로 다양한 측면을 고려한 구조화된 면접, 심층 면접 기법 등으로 설계된 표준화된 평가 요소와 평정 기준, 그리고 이를 도구로 공정하고 객관적으로 평가할 전문 면접관이 평가위원으로 참여하는 비중이 점점 높아지고 있다. 이에 대해서는 다음 부분에서 하나하나 좀 더 자세히 설명하고자 한다.

❷ 블라인드 면접으로 공정채용 절차 실현

블라인드(Blind)란 보이지 않는 상태를 말한다. 따라서 '블라인드 면접'이란 피면접자, 즉 지원자에 대해 선입견이나 편견을 유발해 결과적으로 차별을 야기할 소지가 있는 정보를 수집하지 않거나, 필요시 수집했다고 하더라도 면접관에게는 제공하지 않는 것이다. 이는 입사지원서의 내용을 노출시키지 않는 면접을 의미하는 것으로 '정보 가림 면접'이라고도 한다. 블라인드 면접은 공정채용 절차에 관한 법률이 강화되어 2019년부터 시행되고 있으며, 채용트렌드에서 밝힌 '공정채용'과 '공감채용'의 확산에 따라 면접에서도 점점 더 강화되고 있다.

블라인드 면접은 한마디로 편견과 선입견을 걷어 낸 '능력 중심 면접'

이라고 할 수 있는데, 이는 채용절차에서 평등한 기회 보장과 공정한 과정으로 누구나 당당하게 실력으로 경쟁할 기회를 보장받아야 하고, 직무 능력을 평가하여 적합 인재를 채용한다는 것이 핵심이다. 따라서 면접 과정에서 편견이 개입되어 불합리한 차별을 유발할 가능성이 있는 개인정보, 즉 성별, 출신지, 가족 관계, 출신 학교, 나이 등은 요구할 수 없고, 질문에서도 제외되며, 지원자의 답변 내용에도 포함되지 않도록 지원자에게 안내 후, 언급 시 주의와 경고 및 감점 사유가 되기도 한다.

그렇게 함으로써 지원자들의 개인적 배경이나 스펙이 면접관들의 심사 결과에 영향을 미치지 않도록 하는 것이 목적이다. 다시 말해 지원자가 그 직무를 수행할 수 있는지 없는지에 따른 기준이 아니라, 업무와 직접적인 상관이 없는 외모나 사적 정보를 입사지원서에 기록하는 것은 면접관들에게 불필요한 편견을 심어 준다는 것이다.

이는 채용절차의 공정화에 관한 법률 제4조 3항에 출신 지역 등 개인정보 요구 금지 조항에 명시된 ▲ 신체적 조건/구직자의 출신 지역, 혼인 여부, 재산, ▲ 직계존, 비속 및 형제자매의 학력, 직업, 재산: 300만 원 과태료, ▲ 지원자 명찰에 성명 기재 불가, ▲ 면접관에게 지원자의 출신 학교, 생년월일 등 개인 인적사항 제공 불가, ▲ 면접 Opening시 블라인드 면접임을 명시하고 지원자들에게도 출신 학교, 나이, 가족 등 개인 인적사항이 드러날 수 있는 정보를 제시하지 말아 줄 것을 당부 등에 근거한 것이다.

　다만, 지난 2022년 11월 이후, 연구기관에서 연구직 경력경쟁채용 시 학위가 자격·우대 요건인 경우 응시자는 본인의 학위 취득기관 정보를 이력서 등에 기재하거나 제출할 수 있고, 시험실시기관장은 응시자가 기재·제출한 모든 학력 정보를 활용해 서류전형 및 면접시험 진행이 가능하도록 했다. 이에 대해 한편에서는 블라인드채용 폐지로 편견을 일으킬 수 있는 여러 배경적 요소들이 반영돼 평가가 왜곡되고 불공정 이 심화할 것이라고 우려하고 있기도 하다.

　그러나 인사혁신처에서는 학위 취득기관 정보 수집이 획일적으로 제한돼 응시자에 대한 심층적인 평가가 곤란하고 행정 비효율이 발생 하기 때문에 연구직에 한해 학위 평가가 가능해져 직무 능력 중심의 채 용에 활용할 수 있도록 완화해 놓은 상태이다. 2023년도 이후 공무원 및 공공기관의 연구직 채용면접에서 학위 및 연구 논문을 블라인드에 서 제외하고 정보를 제공하면서 질의응답을 통해 전문성과 연구 역량 에 대해 심층적으로 검증하고 있기도 하다.

❸ 구조화 면접으로 지원자의 종합적 역량평가

　구조화 면접(構造化 面接)이란 면접 과정에서 조직에서 지원자의 보 유 능력을 파악하고 잠재 역량 예측하기 위해 사용되는 면접 방식이다. 질문 내용이나 질문 방식에 대한 지침이나 기준을 표준화된 형식으로 사전에 정해 놓고 진행되는 면접을 통해 지원자의 문제 해결 능력과 창의성, 분석력, 커뮤니케이션 능력 등을 종합적으로 평가해 적합한 인재를 선발할 수 있다.

그러나 비(非)구조화 면접은 평가하고자 하는 역량이나 이를 위한 질문을 표준화하지 않고, 면접위원이 자유롭게 질문하고 평가하는 방식이다. 이런 비구조화 면접 방식은 면접위원의 재량 및 면접 상황 등 여러 가지 변수가 작용함에 따라 지원자에 대한 역량평가를 정확히 하기 어렵게 된다. 조직과 직무에서 필요로 하는 지원자의 역량에 대한 평가의 공정성과 타당도를 저하시켜 면접에 대한 신뢰를 잃게 되며 결과적으로는 채용목표 달성에 실패하게 된다.

그러므로 구조화 면접 방식을 사용하는 이유는 무엇보다도 평가의 공정성과 타당도를 높이기 위한 것이다. 면접에서 직무 적합도와 조직 적합도에 대한 적합성 정도를 평가하기 위해 커다란 오류를 범하지 않고, 가장 적합성이 높게 일치하는 지원자를 찾기 위함이다. 왜냐하면 직무와 조직에 대한 적합성은 한두 가지의 질문을 통해 단순하게 평가할 수 있는 간단한 개념이 아니라, 매우 포괄적이면서도 구체적이기 때문이다. 그러므로 이에 대한 지원자의 역량을 평가하기 위해서는 채용의 전체 과정을 통해 단계적으로 평가해야 하며, 특히 면접은 그것을 판단하는 최종적인 단계이므로 이전까지의 평가단계를 모두 고려해야 한다. 즉 면접 진행 및 평가 절차를 일정한 체계에 의해 구성하고 있다.

구조화 면접의 특징으로는 미리 준비된 상황이나 질문들을 사용하여 일관성 있고 표준화된 방식으로 진행되어 면접 대상자들을 공정하고 일관되게 평가할 수 있다. 또 체계적인 접근 방식을 가지고 미리 평가 요소를 정해 놓고, 질문 방식을 구조화하여 면접 지원자의 답변을 구조화하고 분석할 수 있도록 설계되는 것이 특징이다. 그리고 무엇보다도 지원자의 과거 행동 및 경험에 대한 질문을 포함해 지원자의 보유 역량의 정도와 실제 상황에서 어떻게 발휘할 수 있는지를 평가할 수 있다. 따라서 구조화 면접은 지원자의 기술, 지식, 성향, 성격 등 역량을 중심으로 평가하여 해당 직무에 적합한 인재를 선발하는 데 활용되고 있다.

그러므로 구조화 면접은 평가 척도에 대한 이해를 전제로 평가 항목별 채점 기준과 평가 비중을 조정하여 표준화된 평가 기준으로 지원자들을 일관성 있게 평가하고, 주관적인 판단을 최소화하여 공정한 평가를 가능하게 한다.

또한 구조화 면접은 일반적으로 시간제한을 두고 진행되며, 이는 면접관이 지원자들의 역량을 다면적으로 평가하면서도 효율적으로 면접을 진행하고, 모든 지원자들에게 공평한 기회를 제공할 수 있는 진행 방식이 된다.

이러한 구조화 면접에서 주로 사용되는 평가 항목은 해당 직무와 관련된 지식(Knowledge) 수준으로 특정 분야에 대한 이해와 전문적인 지식 그리고, 그 지식을 활용하는 기술적인 역량과 능력으로써 직무 수행에 필요한 대한 평가로써 업무 수행에 필요한 기술(Skills)적인 측면이 포함된다. 또한 직무 수행 중 나타나는 습관, 태도, 행동 양식 등 태도(Attitude)에 대한 평가로써 행동 및 업무 습관(Behavior & Work Habits)이 있다. 여기에는 문제 해결 능력, 의사 결정 능력, 협업 능력, 시간 관리 등이 포함될 수 있다. 특히 문제 해결 능력(Problem-solving Skills)은 복잡한 문제 상황에서 문제를 분석하고 해결하는 능력으로써 문제 인식과, 분석력 해결 방안 도출 및 실행 등을 평가하게 된다.

또 직무 수행 중 요구되는 커뮤니케이션 능력(Communication Skills)으로써 언어적, 비언어적 커뮤니케이션, 청취 능력, 협상 능력 등 효과적인 커뮤니케이션 능력을 평가한다. 그리고 조직 적응력 및 유연성(Adaptability & Flexibility)에 대한 역량으로써 새로운 상황에 대한 대응력, 변화에 대한 수용력 등 변화하고 주어지는 업무 환경에 적응하고 유연하게 대처하는 능력과 리더십 능력(Leadership)으로써 팀원들과의 협업, 리더십 스타일, 상황 판단력 등 팀 내에서 리더십을 발휘하는 능력이 평가 항목에 포함되며, 개인적인 특성(Personal Characteristics)으로써 신뢰성, 책임감, 업무 열정 등 인성적인 측면, 직업윤리, 동기부여 수준 등을 평가한다. 이러한 평가 요소들은 최근 점점 채용현장에서 점점 그 비중이 크게 인식되고 있는 조직 적합도, 즉 지원자의 조직무화 적합성을 평가하는 척도로 그 중요성이 강조되고 있는 항목이다. 조직에서 사람을 채용해서 지식과 기술은 가르칠 수 있어도 오랫동안 형성되어 온 신념이나 가치관은 바꾸기 어렵고, 그 사람은 물론 조직에 두고두고 짐이 될 수도 있기 때문이다.

이러한 구조화된 면접 방법으로 지원자의 경험과 역량을 깊이 있게 파악하기 위해 사용되는 면접 기법이 심층 면접이다.

❹ 구조화 면접을 위한 다양한 심층 면접

심층 면접은 구조화 면접의 다양한 실행 기법으로 조직에서 채용오류를 최소화하고, 최적의 인재를 채용하기 위하여 지원자에 대해 필요한 정보를 얻기 위해 효과적인 방법이다. 기존의 일반적인 면접 방식에서는 지원자의 경험과 역량을 파악하기 어려운 경우가 많았지만, 심층 면접을 통해 조직은 지원자의 문제 해결 능력, 협업 능력, 커뮤니케이션 능력 등을 평가할 수 있다. 즉 심층 면접을 통해 지원자의 역량과 경험을 평가하면서, 지원자가 조직의 가치관과 문화에 부합하는지를 파악할 수 있으며, 지원자의 잠재적인 역량을 파악하고, 조직문화와 가치관에 부합하는 인재를 채용할 수 있는 것이다.

이는 면접평가를 위해 미리 조직에서 필요한 지원자의 역량 요소들을 구조화 면접 방식으로 설계해 평가하게 된다. 심층 면접은 일반적인 면접보다 더 많은 시간과 노력을 필요로 하지만, 조직과 직무에 적합한 인재를 선발하기 위해 지원자의 역량을 더욱 정확하게 평가할 수 있기 때문에 다양한 방식으로 시행되고 있다.

심층 면접 기법에는 다양한 종류가 있으며, 조직의 요구사항과 직무, 그리고 채용상황과 환경에 따라 선택해 활용되고 있다. 대표적인 방법으로는 ▲ 행동 사건 면접(Behavioral Event Interview)으로 지원자의 과거 경험과 행동에 대한 질문을 통해 미래의 성과를 예측하는 면접, ▲ 상황 면접(Situational Interview)으로 특정 상황을 제시하고 지원자에게 어떻게 대응할 것인지에 대한 질문을 하는 면접, ▲ 사례 면접(Case Interview) 또는 사례 연구(Case Study)로 복잡하게 얽힌 업무 환경 속에서 특정 사례나 문제를 제시하고, 지원자에게 분석 및 해결 방안을 제시하도록 하는 면접, ▲프레젠테이션 면접(Presentation Interview)으로 주어진 주제에 대해 지원자가 준비된 프레젠테이션을 진행하고, 그에 대한 질의응답을 하는 면접, ▲ 그룹 토론 & 팀 활동 면접(Group Discussion & Team Exercise)은 지원자들을 그룹으로 나누어 함께 작업하거나 토론하는 상황을 연출하여 평가하는 면접이 있다. 또 ▲ 인터뷰 게임 및 시뮬레이션 면접(Interview Game & Simulation Interview)으로 실제 업무와 유사한 상황이 가상으로 주어지는 환경에서 지원자가 어떻게 인식하고 대응하는지를 평가하는 면접, ▲ 패널 면접(Panel Interview)은 여러 명의 면접관이 함께 참여하여 다양한 질문을 하고, 지원자의 답변을 들으며 관찰, 평가하는 면접, 그리고 ▲ 인성

검사(Personality Assessment)로 지원자의 성격, 성향, 업무 스타일 등을 파악하여 평가에 반영하게 된다.

이러한 심층 면접 방법은 지원자의 다양한 역량과 잠재력을 평가하기 위해 사용되며, 보다 더 자세한 내용들은 'PART Ⅱ. 면접관의 지식(Knowledge)'의 'Chapter 2. 면접의 종류와 평가 방법'에서 다룰 예정이다.

❺ 전문면접관으로 채용평가의 전문성 강화

'조직의 경쟁력은 면접에서 좌우된다.'고 하며, '면접관은 조직의 미래 역량을 결정짓는 역할을 한다.'는 말이 있다. 그만큼 면접을 통해 선발되는 조직의 새로운 구성원에 대한 역량평가가 얼마나 중요한 것인지를 강조된 표현이라고 하겠다. 따라서 조직의 인재채용을 위한 면접평가에서 면접관의 정확한 판단이 절실하기 때문에 조직의 채용프로세스를 전문적으로 알아야 하고, 다양한 면접 종류와 평가 방식에 대한 지식과 기술을 보유하고 이를 적용해 지원자의 역량과 경험을 정확하게 평가할 수 있는 능력을 갖추어야 한다. 더구나 시대적 상황과 요구에 따라 변화하고 있는 채용에 관한 법과 절차에 대한 이해와 중점적으로 다뤄지는 핵심사항들을 명확히 인지하고 실행할 수 있어야 한다.

이러한 면접관의 역할을 전문적으로 수행할 수 있는 자격과 자질을 갖춘 사람을 '전문면접관'이라고 한다. 이는 단지 성별이나 나이, 직위나 직급, 학력이나 경력 등 스펙으로 면접평가를 할 수 있는 것이 아니하는 의미다. 다시 말해 면접관은 다양한 면접 방법과 도구를 활용하여 지원자의 역량과 경험을 정확하게 평가할 수 있어야 하고, 이를 통해 조직은 적합한 인재를 채용할 수 있게 되는 것이다. 나아가 면접관은 지원자의 잠재적인 역량과 성장 가능성 평가를 통해 조직이 미래에 조직의 성과를 높일 수 있는 인재채용이 가능하도록 평가하는 역할을 수행해야 전문면접관이라고 할 수 있다.

이러한 전문면접관은 지원자의 역량을 최대한 발휘할 수 있도록 돕는다. 이를 위해서 기존의 일명 압박 면접 방식으로 지원자를 심리적으로 억압하거나 불안하게 만들어 탈락시키는 과오를 범하거나, 채용 직무와 무관하고 지원자의 역량을 평가하기 위한 근거와 무관한 질문들을 나열하면서 시간만 허비하는 면접관은 점점 배제되어 가고 있다.

그러므로 전문면접관은 조직의 채용전략에 따라 다양한 면접 방법을 사용하면서 지원자의 역량과 경험을 평가하기 위해, 구조화된 면접 방법을 사용하여 조직의 채용목표에 부합하는 인재를 선발하는 데 기여해야 한다. 따라서 많은 조직들이 채용면접 단계에서 전문 면접관을 고용하거나, 면접관 교육 프로그램을 운영하여, 면접관의 역량을 강화하는데 주력하고 있다.

특히 채용시장에서 공정채용 절차가 강화됨에 따라 면접평가에서 그와 관련된 세부사항들을 정확히 준수하면서, 직무와 조직에 적합한 인재 선발을 위한 효과적인 면접을 위해 전문면접관에 대한 필요성이 절실해졌다. 이는 공무원, 공기업, 공공기관을 필두로 대기업은 물론이고 중견/중소기업까지 확대되고 있으며, 그 비중이 점점 높아지고 있으며, 수요는 날로 증가될 것으로 보인다.

면접평가에서 지원자의 전문성과 인성을 평가하는 면접관이야말로 면접에 대한 전문 지식과 기술, 태도를 골고루 겸비한 전문면접관으로서 역량이 선행되어야 한다는 것이다. 공정채용과 공감채용을 실현할 수 있도록 면접관으로서의 자격과 자질이 충분히 갖추어진 전문가들이 채용면접평가에 참여해야 한다. 그것이 조직과 지원자 모두에게 이로운 채용이 될 것이며, 전문면접관은 사명감과 책임감을 가지고 성실히 임해야 한다.

이러한 채용현장의 수요에 따라 전문면접관에 대한 교육기관과 프로그램들도 매우 많아졌으며, 커리큘럼과 진행 방식도 다양해지고 있다. 채용전문기관이나 전문교육기관에서 교육 과정을 개발하고 교육을 실시한 후, 자격증시험을 거쳐 자격 인증을 해 주고 있는가 하면, 전문면접관 커뮤니티를 형성하고, 전문면접관 용역을 제공하는 플랫폼들도 많아지고 있다.

또, 전문면접관에 더해 산업 분야별 전문면접관을 필요로 하는 면접 현장이 늘어나고 있다. 이는 직무와 조직의 특성에 대한 이해도를 기반으로 면접에 대한 전문성을 더해짐으로써 최적의 인재채용 성과를 얻고자 하는 조직의 채용전략으로 보여지며, 이는 앞으로 적용 범위가 확대될 것이다. 왜냐하면 산업 분야별로 조직문화의 특성이 다르고, 그에 적합한 인재상이 다르기 때문에 면접평가에서 그에 대한 중요성이 강화되는 것은 당연하기 때문이다.

❻ 상호 존중 면접문화

면접 현장에서 '갑'과 '을'은 누구일까? 다양한 이해관계자들이 함께 참여하는 면접 현장에서 갑의 위치와 을의 위치를 따져 볼 수가 있을까? 단순하게 보면 면접관은 갑이고 지원자는 을일 수 있다. 그러나 조금만 더 생각해 보면 섣불리 갑과 을을 정할 수 없다. 면접 현장에는 채용기관이나 채용조직이 있고, 공공기관의 정기채용이나 대규모채용의 대부분을 직접 수행하는 채용대행기관이 있으며, 면접관과 면접 대상자인 지원자 등이 있다.

이러한 이해관계자들이 스스로 자신을 갑에 위치에 있다고 생각하거나 을이라고 단정해 버리면 공정채용과 공감채용을 실현하기에 어려움이 따르게 된다. 공정성을 추구하고 채용의 올바른 목적 달성과 가치 실현을 위해서는 모두가 동등한 위치에 놓여 있다고 생각하는 것이 바람직하다. 그러면서 각자의 위치에서 상대방을 존중하면서 자신의 역할을 수행하는 것이 가장 옳은 판단이라고 하겠다.

특히 최근 채용트렌드에서는 오히려 면접 지원자가 갑이고 면접관이 을이라는 말을 하기도 한다. 이는 면접 지원자가 권익 보호가 강조되고 있고, 면접을 통해서 지원자도 면접관을 '역(易)면접'하고 있기 때문이다. 역면접의 의미는 평가대상인 지원자가 면접을 통해 면접관의 전문성이나 태도 등 역량을 평가한다고 볼 수 있는데, 최근 지원자들은 다양한 면접 기회를 가진 경우가 많기 때문에 면접관의 수준을 파악하고 기준에 못 미치거나 어긋난 상황이 발생하면 그에 대해 이의를 제기하거나 적절한 대응을 하기도 한다. 또한 역면접을 통해 파악한 자신의 판단 기준을 최종적으로 입사 여부에 대한 의사 결정에 반영하게 된다. 즉 지원자의 입장에서는 면접을 통해 채용기관의 역량이나 조직 분위기에 대한 느낌, 조직문화에 대한 간접적 체험이 되는 것이다.

그러므로 면접관이 기존의 채용면접문화를 답습하거나 공감채용 절차를 무시하고, 공감채용 면접에 반하는 실수를 범하지 않도록 예방하기 위한 대비책도 마련되어 있다. 예를 들면 채용면접을 시행 전, 면접관에 대한 사전 교육을 실시하도록 의무적으로 규정되어 있고, 때에 따라서는 면접평가 직전에 면접관의 갑질 행위 근절에 대한 서약서를 작성하는 경우도 있으며, 위반 시 법령에 따른 제재가 가해지는 것이다.

채용면접에서 공정채용이나 공감채용에 대한 사회적 논의나 법적 규제가 느슨했던 시기의 면접 현장과는 혁신적으로 달라진 면접관과 지원자와의 관계, 그리고 상호 존중문화에 대한 확실한 이해와 행동 기준이 명확해진 것은 최근 들어 가장 중요한 면접트렌드라고 하겠다.

Chapter 3

채용과 면접에 대한 지원자의 가치관 변화

❶ 다양성과 전문성 보유한 지원자들

우리 사회는 다양한 교육과 체험, 경험 및 경력을 쌓을 수 있는 기회가 열려 있다. 그리고 개인의 관심사와 요구에 따라 그 다양성을 인정하고 포용하는 분위기가 형성되어 왔다. 더구나 최근 산업 분야에서는 성별, 연령, 지역 등 전통적으로 보수적으로 유지되어 왔던 통념이 사라지고, 그 경계가 무너지며 다양성이 존중받게 되었다. 그런가 하면 한편으로는 전문 지식과 기술에 대한 깊이가 깊어지며 그 전문성이 높아지고, 전문적 분야의 융합과 새로운 영역의 창조로 인해 더욱 확장되고 있다.

따라서 지원자 개인에 있어서 단순히 어느 한 분야의 지식이나 기술을 가지고 있거나, 하나의 경력만 가지고 있기보다는 다양한 분야의 지식과 기술, 그리고 경험을 가진 경우가 많다. 또 지원자들 풀(Pool)에서도 그러한 경향은 짙어진다. 성장 과정에서부터 다양한 환경과 서로 다른 경험을 해 왔고, 그야말로 다양한 지식 배경과 기술 습득, 그리고 경력을 가진 전문성을 보유하고 있다.

그러므로 조직에서는 그러한 지원자들이 지닌 다양성과 전문성을 다각적으로 살펴보고 어떤 측면을 좀 더 중요하게 여기면서 조직의 성장 목표와 성과 전략에 어떻게 활용할 것인지 깊은 고민이 필요해졌다. 기존의 시야대로 지원자들을 바라보거나 낡은 기준과 잣대를 적용해 선입견이나 편견을 유발할 수 있는 채용시스템과 절차로써 인재 등용의 문을 좁히게 되면 조직의 역량이 낮아질 수밖에 없다. 즉 시대가 배출하는 인재 상황에 부합하지 못해 조직 경쟁력이 약화되어 결국 조직 성장의 폭마저 줄어들 가능성이 높다. 따라서 지원자들의 다양성을 존중하고 지원자트렌드를 분석해 새로운 하부 조직 구성과 직무 분장, 그에 따른 직무명세서 작성 및 직무기술서 개발이 이뤄져야 하며, 그것은 조직의 인재채용 기준이 된다.

그렇게 되면 지원자들은 자신들이 가진 다양성과 전문성을 인정받고 역량을 펼쳐 나가면서 조직과 함께 성장해 나갈 수 있게 되고, 조직은 적합하면서도 우수한 인재를 확보를 가능성과 기회가 높아지게 될 것이다.

❷ 공정성과 투명성을 추구하는 지원자들

'공정'과 '평등', '정의' 등 이러한 용어들은 최근 남녀노소를 불문하고 사회의 각계각층에서 인권과 관련되어 매우 빈번하게 사용되고 있다. 이는 채용현장에서 만나는 지원자들도 예외가 아니며, 가장 우선순위에 두는 가치이기도 하다.

그런데 채용전문기관 '사람인'이 구직자 1,210명을 대상으로 했던 설문조사 결과에서 응답자의 51.6%가 채용과정이 불공정하다고 인식하고 있었다고 한다. 또 채용의 공정성을 저해하는 주요 원인으로는 주로 채용의 불투명성, 부정한 채용행위 의심, 능력보다는 개인의 배경에 따른 평가 등에 기인한 것이라고 조사되었는데, 이러한 인식은 지원자들의 욕구를 충족시키며 신뢰를 얻는 채용시스템과 절차 이행이 절실하다는 것을 보여 준다.

고용노동부가 실시한 '공정채용법' 관련 대국민 설문조사에 따르면, 공정채용법에 담기길 바라는 내용으로 ▲ 채용광고에 업무나 임금 등 상세 정보(23.7%)가 가장 높았고, 그다음으로 ▲ 부정채용 금지(21.7%), ▲ 직무와 무관한 정보 요구 금지(19.2%)순이었다고 한다. 채용과정이 공정하고, 평등하게 대우받기를 원하며, 투명한 정보 공개에 대한 요구도가 반영된 것이라고 하겠다. 그리고 공정채용을 위한 정부의 역할로 ▲ 위법에 대한 엄정한 법 집행(22.6%)이 가장 높았다. 이러한 결과를 볼 때 공정하지 못한 특혜나 특권으로 채용비리가 일어나는 것에 대한 반감과 불신이 크고, 그러한 반칙을 저지른 사람들에 대해 정부의 적극적인 행동이 필요하며 응징과 처벌을 요구하고 있는 것이다.

또한 공정성과 투명성이 확보되지 않는다고 판단되고, 스스로 불공정성을 느꼈거나 부당하게 대우받았다고 생각하는 부분들에 대해서 공개적으로 호소하거나, 법적으로 이의를 제기하기도 한다. 그러면서 자신의 권익을 찾고, 불리하게 작용했던 것들에 대해 바로 잡기를 요구하거나, 최소한 제재를 가해 그 부당함이 억울하지 않기를 바란다. 물론 이러한 현상들이 과거에도 없었던 것은 아니다. 그러나 최근 들어 갈수록 그 기준이 엄격해지고, 관례적으로 묵인되어 왔던 작고 사소하다고 여겨졌던 것들도 간과하지 않고, 드러내 알리고 도움을 요청하는 것이다.

따라서 조직에서는 이러한 지원자들의 달라진 의식과 요구사항을 현실적으로 파악하고 수용해 공정하고 투명한 채용과정 설계와 적극적인 실행으로 지원자들을 만족시켜 나가야 한다.

❸ 초연결문화 속 디지털과 AI 프랜들리 지원자들

현대 사회는 디지털 기술과 인터넷의 발전으로 인해 사람과 사람, 기기와 기기, 시스템과 시스템이 긴밀하게 연결되어 있는 초연결 사회이다. 그리고 이러한 초연결성은 다양한 분야에서 혁신적인 변화와 새로운 기회를 제공하고 있으며, 지원자들은 그러한 초연결문화 속에서 태어나고 성장해 왔거나, 적어도 변화하는 초연결 사회에 적응하며 살아가고 있다. 그 분야에 정도의 차이는 있겠지만, 더 이상 디지털과 인터넷을 벗어난 사회에서 존재하는 지원자들은 흔치 않으며, 그러한 초연결문화를 두려워하거나 낯설어하지 않는다.

이렇게 초연결문화는 보다 광범위한 연결로 지역적 한계를 극복하고 있으며, 상상하지 못할 정도로 빠르게 실시간 정보를 공유하며 소통하게 한다. 또한 사물인터넷(IoT)을 통해 데이터를 주고받는 편리함은 물론 빅데이터 기술의 발전으로 수많은 데이터들이 수집되고 생성되는 초월적인 분석력을 가지게 되었다. 거기에 인공지능(AI) 기반 기술의 활용은 일상생활과 산업 분야를 시시각각 역동적으로 변모시켜 가고 있다.

지원자들은 바로 이러한 초연결 사회의 초연결문화를 친숙하게 받아들이며, 적극적으로 활용하고 있으며 채용환경에서도 혁신적으로 적용해 가면서 새로운 변화를 가져오고 있다. 예를 들면 소셜미디어를 통해 채용 관련 정보를 공유하고 의견을 나누고, 특히 모바일 기기 기술의 발전과 서비스 기능의 향상으로 시공간을 가리지 않고 채용에 관한 다양한 서비스와 콘텐츠를 이용한다. 실시간 소통으로 즉각적인 반응과 피드백을 통해 긍정적 요소와 부정적 문제를 빠르게 파악하면서도 그에 대한 솔루션이나 대응책을 찾기도 찾으며 필요시 협력하고 필요에 따라 뭉치고 파워를 키워 나가기도 한다.

더 구체적으로 들어가 보면 빅데이터와 AI 기반 챗GPT의 등장으로 입사지원서의 자기소개서나 경험, 경력기술서 및 직무계획서 등에 활용해 작성하는 것은 어느덧 평범한 얘기가 되었다. 오죽하면 일각에서는 더 이상 입사 지원에 대한 서류평가는 적격과 부적격을 가려내는 정도의 변별력, 그 이상의 의미를 두기 어렵다는 말까지 나오는 실정이다. 비슷비슷한 경험들과 판박이 같은 유사 사례들이 통상적인 내용으로 등장한 지 오래고, 참고 수준을 넘어 그 내용이 각색되고 업데이트되어 마치 모범 답안처럼 작성된 자료들도 쉽게 취득할 수 있게 된 현실이다. 이러한 상황은 서류평가뿐만 아니라, 지원자들의 면접평가 준비에도 큰 영향을 미쳐, 역량 있는 전문면접관의 평가, 또 심층 면접을 통해 진위의 구별 및 진정성에 대한 확인, 그리고 구조화 평가를 통한 다단계 검증, 다각적 평가의 필요성이 점점 강화되고 있다.

❹ 평생직장보다 이직이 보편화된 지원자들

채용트렌드의 맨 첫 부분에서 지금의 상황을 뷰카와 바니의 시대라고 했었다. 그러한 시대적 환경 속에서 두드러진 구직트렌드, 지원자 트렌드를 살펴보면 평생직장이라는 개념은 사라져 가고, 입사 직후부터 퇴사를 준비한다는 '퇴준생'이라는 신조어까지 생겨날 정도로 퇴사가 보편화되었다. 따라서 기업은 채용단계부터 직원의 이탈을 고려할 수밖에 없어졌으며, 조직문화 적합도가 높은 지원자를 선발하려는 채용시스템으로 보다 꼼꼼히 살펴보고 검증해야 한다.

채용면접에서 '중고 신입'이라는 말이 있다. 신입직을 채용하는데, 이미 경력을 가진 경력자가 신입직으로 채용면접에 들어오는 경우를 말한다. 그 이유는 위에서 말한 지원자트렌드에서 비롯되는 현상이며, 최근 몇 년 동안에 이전 몇 년 전보다 더 많은 사람들이 직장을 옮기는 경향이 높아지며, 이직률의 증가하고 있다.

이식률이나 퇴사율이 증가하는 배경에도 이 밖에도 다양한 원인들이 있겠지만, 새로운 직무나 산업으로 전환하여 경력을 발전시키기 위해 이직을 선택하는 경우가 많아졌다. 다양한 경험과 기술을 습득하고 성장하기 위해 새로운 기회를 찾는 경우가 많은데, 최근 이러한 기회 요인들이 더 증가한 것도 그 배경으로 보인다. 그리고 더 나은 급여, 혜택 및 근무 조건을 제공하는 회사로 이직해 경제적인 안정과 보상을 위해 이직을 선택하는 경우, 일과 삶의 균형을 중시하면서, 더 나은 워라밸을 실현할 수 있는 조건을 제공하는 회사로 근무 시간, 휴가 정책, 원격 근무 등을 찾아 이직하는 경우가 증가하고 있다.

그런가 하면 조직문화는 직원들의 직무 만족도와 이직 결정에 큰 영향을 미친다. 조직문화가 자신의 가치관과 일치하지 않거나, 자신이 원하는 대로 팀워크와 협업이 잘 이루어지지 않고, 개선될 가능성이 낮다고 판단되면 이직을 결심하는 계기가 된다. 또 새로운 도전과 다양성을 추구하면서 새로운 직무나 산업으로 이직하여 경험과 스킬을 쌓겠다는 생각을 하기도 한다.

앞서도 밝혔지만, 이러한 이직 사유들은 예전에도 존재했었다. 그러나 채용된 후 조직에 들어오면 그러한 생각이나 욕구가 있다고 해도 퇴사나 이직보다는 환경에 적응하고, 근속 기간이 늘어남에 따라 자연스럽게 얻게 되는 혜택에 만족해 가면서 참고 견디는 것이 일반적이었다. 그러다 보니 퇴사하거나 이직하려는 사람들은 오히려 조직에서 부적응자로 낙인이 찍히거나 경력 관리에도 마이너스 효과로 작용하는 것이 통념이었으며, 그래서 불만족스러운 근무 환경이나 조직문화에도 자신을 맞춰 가면서 정년퇴직하는 것을 당연하게 여기고 명예롭게 인식되었었다.

그리고 지금도 여전히, 기성세대는 물론 MZ라고 불리 우는 젊은 세대 역시 안정적인 직장을 선호하기는 하지만, 조직에 대한 충성도나 직무 만족도가 그리 높지 않고, 자신이 추구하는 가치와 조직문화가 맞지 않는다고 판단되면 이직이나 퇴사를 고민하고 실행해 옮기게 된다. 이는 급격한 경제 환경 변화와 고용 불안정성이 증가되고, 이에 맞물려 시대적 환경은 다양하고 역동적으로 변화하면서 또 다른 기회 요인이 폭발적으로 늘어나게 되면서 직장에 대한 개념과 직업에 대한 가치관이 확연히 달라졌다고 이해할 수 있다.

그러므로 조직에서는 지원자들의 이러한 직장과 직업에 대한 변화된 가치관을 인식하고, 채용과정, 특히 면접평가를 통해 확인해야 한다. 조직문화의 적합성에 조금 더 부합하는 지원자, 직무 역량과 경험에 대한 직무 적합도가 높은 지원자, 그리고 장기적인 비전이 조직의 비전과 일치하는 지원자, 조직과 함께 지속적인 성장 가능성이 있는 지원자로서 능동적이고 적극적인 태도를 가지고 몰입도가 높은지 동기부여 수준을 평가하는 것이 중요하겠다.

PART II.

면접관의 지식
(Knowledge)

Chapter 1

채용면접의 목적과 기능

❶ 면접의 의의와 필요성

면접은 지원자의 실제 행동 관찰을 통해 조직에서 해당 직무 수행에 필요한 역량을 갖춘 가장 적합한 인재를 선발하기 위한 최종 의사 결정 단계이다.

즉 지원자의 실제 행동을 직접 보고 관찰함으로써 채용과정에서 면접 이전 단계였던 서류평가나 필기시험으로는 판단하기 어려웠던 요소들을 면접 현장에서 행동 관찰을 통해 평가하는 과정이다. 지원자의 역량과 인성을 파악하기 위해 해당 분야에 대한 역량, 인품, 언행, 지식 수준을 직접 확인하는 과정이다. 그래서 조직에서 잘 적응할 수 있는 인재의 선발로 지원자의 특성과 해당 직무, 조직의 문화에 잘 부합하고 있는지에 대해 평가하여 지원자가 입사하기 위해 통과해야 하는 최종 관문으로써 조직에서는 조직의 새로운 구성원을 영입하여 조직의 역량과 경쟁력, 미래를 결정하는 최종 의사 결정 단계가 된다.

만약 면접평가 단계를 생략하게 된다면 어떤 문제가 생길까? 당연히 지원자의 대한 역량과 경험 등을 정확하게 평가하기 어려울 것이다. 물론 이전 평가 단계에서도 어느 정도는 가능하고, 또 오히려 면접에서 발생할 수 있는 오류가 있을 수 있으나, 그럼에도 불구하고, 면접평가를 함으로써 더 많은 문제와 위험성에 대한 발견과 사전 예방이 가능한 것이다. 지원자의 직무에 대한 열정, 동기 부여 수준, 업무 태도, 그리고 지원자의 조직문화 적합성을 평가는 면접을 더 정확하게 이해하고 직접 확인하며 판단해야 하는데, 면접이 생략되면 그렇지 못하게 된다.

또한 논리적 사고력, 창의성, 발전 가능성, 문제 해결 능력 등이 상황이나 환경에 따라 어떻게 달라지는지 그 진정성에 대해 깊이 있게 파악하기 어려울 것이다. 그러면서 질문에 대한 이해와 경청 태도, 답변 과정 속에서 지원자의 의사소통 능력이나 설명력, 설득력과 함께 실제 대면소통 방식이나 관계 형성과 유지에 대한 압축된 역량 등을 자연스럽게 평가할 수 있는데, 면접 이외의 평가 단계만으로는 그것이 불가능하다. 거기에 질문과 답변 과정을 통해 지원자에 대한 의외의 추가적인 정보를 얻을 수 있는 채널이기도 한데, 면접 과정이 생략되면 지원자가 보유하고 있는 역량과 태도에 대해 평가하는 데 제한적일 수 있다. 그러면 결과적으로 결정을 내리기 어렵게 되고, 잘못된 결정을 하게 될수 있다.

❷ 면접의 목적과 기능

면접의 필요성을 강조하는 가장 중요한 이유 중 하나가 지원자의 실제 행동 관찰을 통한 역량을 평가하는 것이라고 했다. 다시 말하면 면접의 목적은 한마디로 지원자가 조직과 직무에 적합한 역량을 보유하고 있는지 평가하는 것이다.

그렇다면 지원자의 역량(Competency)이란 무엇인가? 역량(力量)의 다음 사전적 단어 풀이는 '어떤 일을 해낼 수 있는 힘이나 기량'인데, 다양하게 표현되고 있는 역량에 대한 정의를 종합적으로 정리해 보자면 '우수 성과자의 행동 특성으로 개인과 조직의 성공적인 성과 달성에 있어 핵심이 되면서 관찰, 측정 가능한 행동 등 외재적으로 표현되는 내재적 특성'이라고 할 수 있다. 그리고 여기서 말하는 내재적 특성이란 '가지고 있다.', '알고 있다.', '생각한다.' 등 관찰하기 어렵기 때문에 측정이 가능한 외재적 표현으로 '할 수 있다.', '행동한다.' 등 실제 행동으로 나타나 측정이 가능한 역량으로 평가하게 된다.

이러한 지원자의 역량은 크게 두 부분으로 나뉜다. 역량에 대해 스펜서(Spencer), 맥캘란(McClellend), 로버트 호건(Robert Hogan) 등이 주장한 역량 빙산 모델(Iceberg Model)에서는 직무 역량과 인성 역량으로 설명하고 있다. 먼저 직무 역량은 직무에 대한 지식(Knowledge)과 기술(Skill)로써 표면으로 드러나 보이는 영역이므로 비교적 관찰 및 평가가 쉬우며, 변할 수 있는 역량, 의식적 영역이다. 그리고 인성 역량은 태도(Attitude)로써 심성과 품성, 행동 등 내면에 잠재되어 있는 무의식적 영역이므로 비교적 관찰이나 평가가 어렵고, 잘 변하지 않으며, 안 보이는 영역이다. 여기에는 자아 개념(Self-concept), 이미지(Image), 특질(Trait), 동기(Motive), 가치(Value) 등이 포함된다.

그러므로 면접의 기능을 요약하자면, 해당 채용목적에 가장 부합하도록 효과적으로 지원자의 역량을 평가하는 것이다. 이에 지원자의 직무 전문성에 관한 직무 역량과 조직문화에 대한 적합성을 위하 인성 역량 등을 종합적으로 평가하는 것이다. 특히 직무 태도 및 상황 파악 능력, 문제 해결 능력, 그리고 이를 위한 팀워크와 협업 능력 등 관계 능력과 의사소통 능력 등 직업 기초 역량에 대한 평가는 갈수록 면접의 목적에서 중요시되고 있으며, 그러한 기능을 충분히 수행할 수 있어야 한다.

❸ 조직 적합도와 직무 적합도 정도에 따른 채용의사 결정

조직은 조직이 추구하는 가치와 문화에 부합하고, 해당 직무를 수행하기 위한 역량을 보유한 적합 인재를 찾기 위한 채용목적을 달성하기 위한 최종 단계인 면접을 통해 인재 선발을 하게 되는데, 지원자의 역량 보유 정도에 따라 그 의사 결정이 달라진다.

개인(지원자)과 조직 간의 적합성을 의미하는 조직 적합성, 개인(지원자)과 직무 간의 적합성을 의미하는 직무 적합성에 대한 평가 결과는 모든 채용에서 다 동일하게 적용되는 것은 아니다. 이 말은 채용기관이나 조직 상황, 또는 채용직군이나 직무 등 여러 상황이나 변수에 따라 그 적합성 정도를 최종 의사 결정에 반영하는 데에 차이가 있을 수 있다. 예를 들면 조직 적합도를 보다 더 고려하고 우선순위로 봐야 하는 경우도 있고, 때에 다라서는 직무 적합도가 더 중요하게 다뤄지는 경우도 있다.

먼저 조직 적합도와 직무 적합도가 모두 높게 평가된 이른바 '스타 인재'라도 불리 우는 지원자는 특별한 이슈가 없는 한 적극적으로 채용하게 될 대상자다. 그러나 면접평가에서 그러한 스타 인재를 찾기에는 쉽지 않다. 모든 역량을 다 갖춘 최우수 인재만 선발하려 한다면 채용이 어려워질 수도 있다.

차선책으로 스타 인재까지는 아니지만, 조직 적합도 및 직무 적합도에서 대체적으로 우수하게 평가되는 인재를 찾는 것은 크게 어렵지는 않다. 그러나 이런 경우, 자칫 조직과 직무에서 요구하는 필수적인 역량이 부족하다거나, 반대로 부정적인 요소를 포함하고 있을 수도 있으므로 추가 검증이 필요해지는 상황이 된다. 특히 주요 직위나 핵심 직무를 수행해야 하는 상황이라면 그에 대해 반드시 의구심이 해소되어야 하며, 채용에 별다른 이슈가 더 이상 없고, 직무 수행에 무리가 없다고 판단될 경우에는 채용이 가능해진다.

그러나 면접평가에서 대부분 지원자의 보유 역량에 대해 최종 의사 결정을 하는 데에 깊은 고민이 되는 경우는 다음과 같은 두 가지 경우가 많다. 하나는 조직 적합도는 높은데 직무 적합도가 낮게 평가되는 경우와 다른 하나는 직무 적합도는 높지만 조직 적합도가 낮게 평가되는 경우다. 이런 경우 의사 결정이 쉽지는 않다. 채용 후 담당하게 된 직군의 직무를 수행하는 필요한 역량인 전문성으로 평가되는 직무 적합도에 조금 더 우위를 둘 것인가, 아니면 조직문화와 핵심가치의 부합 정도 및 조직에서 공통적으로 요구되는 능력인 인성을 더 중요하게 볼 것인가에 대한 고민이 필요해지는 것이다. 이럴 때는 직무에 따라 깊이 있는 심층적 검증을 하고, 고용관리자의 채용의지가 강하다면 선택할 수 있게 된다. 그런데, 앞서 채용트렌드와 면접트렌드, 그리고 지원자트렌드를 통해 알아보고 강조되었듯이 최근에는 점점 조직과 함께 지속 가능한 발전을 거듭해 가며 우수 인재로 성장해 나가는 데에 필수적인 역량은 직무 적합성보다는 조직 적합성에 대한 중요도가 더욱 중요하게 체감되고 있다.

한편, 조직 적합도와 직무 적합도가 모두 낮다고 평가되는 지원자도 있다. 서류평가나 필기평가 및 인성검사 등 채용과정을 모두 단계별로 거쳐 온 면접평가라면 이런 경우는 그리 흔하지는 않다. 그러나 면접의 기능이 이전 단계에서는 관찰하기 어려웠던 지원자의 실제 모습과 행동을 직접 평가하는 것이라고 볼 때 이러한 상황도 종종 발생하고 있다. 또 조직 상황이나 직무에 따라 채용절차의 간소화로 서류평가나 필기평가, 인성검사 등의 단계가 생략되는 경우에는 면접평가에서 조직과 직무 적합도가 모두 낮게 평가되는 지원자들이 상당히 발생하기도 한다. 면접 과정에서 그런 문제점들을 발견하고, 부적합성을 찾아내는 것이야말로 면접에서 가장 먼저 해야 할 면접관의 역할이며, 면접의 중요한 기능이다.

물론 이러한 채용의사의 최종 결정을 위한 면접평가가 제대로 이뤄지도록 평가 오류가 발생하지 않도록 주의해야 한다. 이는 구조화 설계된 평가 시스템과 공정한 평가 절차, 그리고 역량 있는 전문면접관이라는 조건들이 선행되어야 한다.

Chapter 2.

면접의 종류와 평가 방법

면접은 질문과 관찰을 통해 지원자 개개인의 특성과 보유하고 있는 잠재 역량 확인을 통해 선발하고자 하는 대상자를 찾기 위한 최종 의사 결정 단계라고 했다. 그런데 지원자의 대부분은 자신을 긍정적으로 왜곡(Facking Good)하기 쉬우므로 면접관은 면접을 통해 지원자의 행동 및 답변 내용에 포함된 주장에 대한 근거를 획득하여 진정성과 실현 가능성을 검증해야 한다. 이러한 평가를 위해 면접의 종류에는 여러 가지 있다. 지원자들의 역량을 다각적으로 평가하기 위해 다양한 기법을 활용하는 것이다. 대표적으로는 경험 행동 면접, 그룹 토론 면접, 주제 발표 면접, 상황 면접 등이 있다. 이러한 면접 종류의 평가 목적과 특징, 평가 방법과 주의사항에 대해 자세히 알아보고자 한다.

❶ 경험 행동 면접

경험 행동 면접은 행동 사건 면접(BEI: Behavioral Event Interview)

을 의미하며, 지원자의 과거 경험과 행동을 기반으로 미래의 업무 수행 능력을 예측하는 면접 기법으로 과거의 행동 및 성과가 미래의 행동 및 성과에 영향을 미친다는 것에서 출발한다. BEI 면접은 지원자의 업무 관련 경험과 능력을 실제 상황에 적용하여 평가할 수 있는 장점이 있어 문제 해결 능력, 의사 결정 능력, 창의성 등을 평가하는 데에 사용된다. 지원자와 조직 간의 적합도 평가에 활용되며, 이를 통해 조직의 요구사항과 일치하는 적합한 인재를 선발할 수 있다.

즉, 지원자의 과거 업무 경험을 통해 문제 해결, 협업 등의 상황에서 어떻게 의사 결정을 하고 어떤 행동을 보였는지 구체적으로 탐색하게 된다. 이는 과거의 행동은 미래의 행동을 타당하게 예측할 수 있다는 전제하에 개인의 성격, 특성 등이 쉽게 변하지 않기 때문에 역량 중심 면접의 질문 내용은 과거에 수행했던 내용들을 중심으로 접근하게 된다.

따라서 평가 요소와 관련된 질문을 과거 시점에서 유지해야 한다. 다시 말해 질문의 시제가 현재나 미래가 아닌 과거여야 한다는 것이다. 예를 들면 "어떻게 할 건가요?"가 아닌 "어떻게 했었나요?"로 과거 행동 사건에 관련된 지원자의 경험 행동에 대해 평가하는 것이다.

경험 행동 면접에서 역량 평가를 위해 가장 많이 사용되는 방법은 '상황-행동-결과' 또는 'STAR' 기법이라고 불리는 질문 프로세스이다. 먼저 평가하고자 하는 역량 요소를 포함한 질문을 간단히 한 뒤, 구체적으로 지원자의 경험을 파악해 가는 방법으로 다음과 같이 하게 된다.

① **Situation(상황):** 어떤 상황에서 발생한 일인지, 행동이 발생했던 상황의 맥락을 파악함.

"지원자께서는 어떠한 상황에 놓여 있었습니까?"

② **Task(과제):** 그 상황에서의 수행해야 했던 과제나 목표는 무엇이 었는지를 파악함.

"지원자가 수행해야 했던 과제(과업)는 무엇이었습니까?"

③ **Action(행동):** 문제를 해결 과정과 지원자가 수행했던 내용이 논 리적인지 파악함.

"과제(목표)를 해결하기 위한 어떤 대응(행동)을 했습니까?"

④ **Result(결과):** 과제의 결과(성공과 실패)과 원인에 대해 이해하고 있는지 파악함.

"결과는 어떠했습니까?", "그러한 결과를 얻게 된 이유는 무엇입니까?"

여기에 한 가지 더 추가된다면,

⑤ **Taken(교훈):** 과제의 결과에 대해 향후 활용 및 개선 방향이 무엇 인지 파악함.

"그 경험을 통해서 배운 것은 무엇이었습니까?"

또 경험 행동 면접평가에서 효과적으로 활용되는 또 하나는 'FACT' 기법으로 지원자의 구체적 답변을 자극(Prompting)하며 지원자의 경험과 역량을 파악하는 평가 방법이다.

① **Feelings(느낌):** "지원자는 기분은 어떠했었습니까?", "지원자는 어떤 마음이었습니까?"

② **Action(행동):** "지원자가 했던 행동은 무엇이었습니까?", "어떻게 행동했었습니까?"

③ **Contexts(상황):** "어떤 상황이었습니까?", "가장 고려했던 점은 무엇이었습니까?"

④ **Thoughts(생각):** "지원자가 그렇게 판단했던 이유는 무엇이었습니까?", "지원자께서는 어떤 이유로 그런 생각이 들었습니까?"

경험 행동 면접에서 FACT 기법으로 지원자의 역량을 평가하기 위해서도 역시 과거의 시점에서, 과거의 시제로 질문한다는 중요하다. 앞으로 할 것이라는 미래 시제가 아닌, 이미 경험했던 것에 대한 평가이므로 느꼈던 것(Felt), 했던 것(Did), 말했던 것(Said), 생각했던 것

(Thought)에 대한 구체적인 정보를 수집해야 한다. 또 질문을 할 때 '왜 (Why)'라는 질문은 하지 않는 것이 좋다. 그보다는 '무엇(What)', '어떤 (How)'이라는 표현을 사용하는 것이 평가하고자 하는 자료획득에 도움이 된다. 그 이유는 '왜'라고 질문할 경우, 사람들은 자신의 실제 행동과 상관없이 옳다고 생각하는 것을 말하려 하는 경향이 있고, 마치 따져 묻는 듯하는 어감으로 받아들여지기 쉽기 때문에 지원자를 감정을 긴장시키거나 방어하려는 답변을 이끌어 낼 위험이 있다.

이러한 구체적인 질문을 통해 지원자의 답변 내용을 구체화함으로써 행동 증거를 발견하고, 실제 있었던 경험인지에 대한 사실 여부를 확인할 수 있다. 자신의 경험이 아닌 타인이나 팀의 경험을 말한다거나, 상황에 대해 꾸며 내거나 과장된 스토리로 거짓 응답을 하는 지원자를 가려내고, 잘못된 지원자 정보로 인해 발생하기 쉬운 평가 오류를 방지할 목적으로 활용되고 있다.

❷ 그룹 토론 면접

그룹 토론 면접은 최소한 일대일, 또는 그 이상 여러 명의 지원자가 한 그룹으로 모여 특정 주제에 대해 토론하는 형태로 지원자의 의사소통 능력, 문제 해결 능력, 협력 능력, 리더십 등을 다차원적으로 평가하기 위해 사용되고 있다. 토의 과정을 관찰하면서 지원자의 역량을 평가하는 동시에 지원자와 지원자 간의 상호작용을 평가하게 된다.

그룹토론 면접에서는 보통 특정 주제가 제시되고, 참고 자료가 주어지기도 하는데, 지원자들은 이를 바탕으로 자신의 생각을 정리한 후, 서로의 의견을 나누고 토론을 진행한다. 이때, 토론에 참여하는 지원자들은 제시된 주제에 대한 이해도와 자료의 활용 능력은 사고의 논리적 구조와 설득력 있는 주장을 펼쳐 나가는지에 대해 평가받게 된다. 자신의 의견을 명확하게 표현하고, 다른 사람의 의견을 경청하며 존중하는 능력이 중요하며, 토론 과정에서 새롭고 창의적이면서도 실현 가능성이 있는 문제 해결 방안을 제시하고, 토론에 참여한 지원자들과 상호 협력하여 결론을 도출하는 능력을 평가하는 것이 목적이다. 즉 직무 적합성보다는 조직 적합성 평가에 더 주안점을 두는 것이다.

따라서 그룹 토론 면접평가의 주요 평정 요소들을 정리해 보면 의사소통, 논리력, 적극성, 리더십, 창의력 등이 된다. 의사소통 역량에 대한 평정 내용과 관찰 요소들은 표현 능력, 공감 능력, 경청 태도 등이고, 주장의 논리성, 일관성, 객관성 등을 근거로 지원자의 논리적 사고력을 평가할 수 있다. 또 발언 기회나 발언 태도, 상대에 대한 이해와 노력하려는 태도의 관찰을 통해서 지원자의 역량은 적극성을 평가할 수 있고, 타인에 대한 배려와 존중, 팀워크, 토론 촉진 역할 등을 통해서는 관계 역량과 리더십 역량에 대한 지원자의 보유 정도를 평가하게 된다. 그리고 지원자의 의견이 새롭고 참신한 주장이나 대안을 제시하거나 차별화된 의견인가에 대한 평가는 창의성과 진취성에 대해 평정할 수 있다.

그런데 토론 면접은 면접관이 개입하지 않고, 관찰하면서 평가하는 것이 원칙이다. 다만, 토론이 진행되지 않거나, 지원자 간의 발언 횟수 차이가 심하게 편중되는 상황이라면 지원자들에 대한 평가가 효과적으로 이뤄질 수 없기 때문에 이때는 면접위원장이 최소한의 개입으로 원활한 평가에 도움이 되도록 하는 것이 필요하다.

그러면 평가자인 면접관의 개입이 요구되는 상황과 효과적으로 개입하는 방법을 알아보겠다.

첫째, 원활한 토의 진행이 안 되는 상황에서는 적극적인 토론을 주문한다. 지원자들이 의견을 이야기하지 않거나, 토론이 아닌 각자의 준비 자료를 릴레이 방식으로 발표를 이어갈 때다. 이때 예를 들면 "좀 더 적극적으로 토론해 주시길 바랍니다.", "서로의 생각에 대해서도 원활한 의견 교환을 해 주시길 바랍니다."와 같이 토의 진행을 요구할 수 있다.

둘째, 특정 인물에 의해 지나치게 토의가 주도되거나 특정인물의 발언이 너무 적을 때는 특정 인물의 발언을 자제시키고, 다른 사람들의 발언을 요청한다. 즉 특정 인물의 발언이 지나치게 길어지거나 너무 많을 때는 "발언을 많이 하신 분은 조금 자제해 주시길 바랍니다.", 또는 "발언이 적은 지원자들도 토론에 참여해 발언해 주시길 바랍니다." 등의 멘트를 할 수 있다.

셋째, 토론이 원치 않은 방향으로 흘러가는 경우, 주어진 토론의 핵심 주제를 다시 한번 언급한다. 너무 지엽적인 문제에 초점이 맞춰질 때나 충분한 논의 없이 졸속으로 결론에 이를 때는 "토론 주제에 초점을 맞춰 주시길 바랍니다.", 또는 "좀 더 충분한 논의를 해 주시길 바랍니다."와 같이 요청할 수 있다.

그리고 시간이 많이 지나고 종료 시간이 임박해도 지나치게 상반된 의견으로 논쟁이 반복되고 지속될 때는 남은 시간에 대한 공지로 "이제 5분 남았습니다."와 함께 "토론을 마무리해 주시길 바랍니다." 정도로 간단히 개입하는 것이 좋다. 무엇보다도 면접관은 토론에 적극적으로 개입하지 말아야 하며, 관찰하고 평가하는 것에 주안점을 두어야 한다. 지원자들의 언어적, 비언어적 모든 행동 요소를 살핌으로써 조직 적합성과 팀워크 역량을 파악해야 한다.

❸ 주제 발표 면접

주제 발표 면접은 PT면접, 프레젠테이션 면접(Presentation Interview)이라고도 한다. 지원자에게 주어진 특정 주제나 문제에 대해 자신의 생각과 의견을 발표하고 설명하고, 면접관으로부터 그에 대해 질문을 받는 면접 방식이다. 이를 통해 지원자의 단순히 커뮤니케이션 역량, 발표 능력만 평가하는 것이 아니라 전문 지식, 주제 분석과 해결 능력, 창의성 등 직무 수행 역량인 직무 적합도의 정도를 평가하게 된다.

주제 발표 면접에 제시되는 주제는 다양하다. 지원자 개인의 자기소개로 지원 분야의 직무와 관련된 지식과 기술, 경험에 대한 전문성을 PR하는 경력기술서나, 향후 수행하게 될 직무에 대한 직무 수행 계획에 대해 요약하고 발표하는 경우도 있다. 이때 면접관은 지원자가 보유한 직무 수행 역량을 알아보기 위한 심층 질의를 통해 직무 전문성과 직무 적합성을 평가한다.

한편, 지원 직무에서 가장 중요하거나 이슈가 되고 있는 문제, 또는 새롭게 제기되고 있는 해결 과제, 그리고 깊이 있는 전문성을 요구하는 직무 관련 주제가 주어지기도 한다. 그런가 하면 일반적으로 사회의 관심거리나 트렌드에 관한 주제로써 누구나 한 번쯤 생각해 보게 되거나, 떠오르는 대중의 논쟁거리들이 직무 면접 주제로 사용되기도 한다.

이때 직무 면접을 통해 면접관이 평가해야 하는 지원자의 역량은 주제에 대한 이해와 분석 능력, 논리적 사고와 표현 능력, 주장의 명확성과 근거, 창의적인 문제 해결력과 발전 가능성, 그리고 커뮤니케이션 능력과 설득력 등을 파악하게 된다.

지원자의 발표를 통해 면접관은 주어지는 발표 주제에 대한 이해와 분석 능력, 주제에 대한 지식과 그 활용 능력이 어는 정도인지 알 수 있다. 그리고 발표 내용을 체계적이고 논리적으로 구성하고, 지원자 본인의 주장과 견해를 명확하게 표현하면서 이를 객관적으로 뒷받침할 수 있는 근거나 자료를 제시하고 있는가도 살펴봐야 한다. 또한 그 과정 속에서 지원자의 차별적이고 창의적인 문제 해결력과 향후 발전과 성장 가능성을 가늠할 수 있는지도 중요한 평가 요소다. 그리고 면접관 앞에서 설득력 있는 커뮤니케이션 역량을 보여 주는지도 중요하다. 발표 내용을 효과적으로 표현하는 능력, 즉 시선, 표정, 자세, 목소리, 어투, 몸짓 등을 통해 자신의 생각을 상대방에게 어떻게 전달하고 공감을 얻어 내는지도 주제 발표 면접에 평가하게 되는 평정 요소에 포함된다.

또 주제 발표 면접은 발표를 마친 후, 면접관은 지원자에게 몇 가지 추가 질문을 통해 지원자에게 조금 더 정확하게 지원자의 생각과 역량을 평가하게 된다. 추가 질문은 주로 발표 내용에 대해 더 깊이 파고들고 특정 데이터나 근거에 대해 구체적인 설명이나 예시를 물어볼 수 있다. 또 주제에 대한 지원자 개인의 의견을 물어보거나, 의견이나 판단 근거를 논리적으로 제시하도록 질문하게 된다. 또 발표 내용에 대한 대안이나 개선 방안을 더 물어보기도 하고, 실제 상황에 적용하는 방법, 그리고 그에 따르는 문제점이나 한계점 등에 대해서도 질문할 수 있다. 거기에 발표 내용과 관련된 윤리적인 측면이나 사회적으로 미치게 될 영향력이나 파급 효과에 대해서도 어떤 가치관을 가지고 있는지도 물어볼 수 있다.

❹ 상황 면접

상황 면접은 주어지는 특정 상황에서 나타나는 지원자의 역량을 평가하기 위한 면접 방식 중 하나다. 상황 면접은 지원자가 제시된 상황 속에서 그에 대해 어떤 대응 방안을 가지고 어떤 대처하는지를 통해서 지원자의 상황 판단력, 문제 해결 능력, 창의성, 커뮤니케이션 능력 등 직무 수행 역량을 평가하기 위해 사용된다.

따라서 상황 면접은 특정한 상황이 제시되고, 지원자는 어떻게 문제를 해결하고, 행동할 것인지를 설명하게 된다. 그렇기 때문에 상황 면접은 지원 분야의 실제 업무 상황에서 발생할 수 있는 문제를 다루고, 이때 지원자의 그 문제를 어떻게 인식하고 상황을 판단하는지, 어떤 전문적 지식과 기술을 적용해 문제를 해결하려는 능력을 보유하고 있는지, 그리고 그 과정에서 나타나는 커뮤니케이션 능력 등을 평가한다.

상황 면접 주제의 난이도나 문제의 양, 참고 자료, 그리고 주어지는 시간은 면접 상황에 따라 다양하다. 면접실에 입실 후, 간단한 주제 카드를 읽고 준비할 시간이 5분~10분 정도 주는 경우라면 문제의 난이도가 그리 높거나 복잡하지 않다. 일반적인 상식선에서 해결 가능하거나 직업윤리, 가치관 등에 중점을 둔다거나, 중요한 문제라고 하더라도 핵심 요지만 파악하기 위해 실시하게 된다. 또 면접실에 들어오기 전, 대기실에 문제 상황을 제시하고, 일정한 시간을 주며 생각 정리나 간단히 메모를 하게 한 뒤, 면접실에 들어와 해결 방안 등 자신의 의견을 답변하도록 한다.

그런가 하면 인바스켓 면접(In-Basket Interview)으로 면접 대상자가 실제 업무 상황에서 어떤 일을 처리하는지 즉, 업무 처리 능력과 조직 적합성을 평가하기 위해 사용되는 면접 방법이 있다. 이 방법은 업무와 관련된 상황을 모방해 제시하고, 문서, 자료 등을 제공하고, 대상자에게 이를 처리하고 완료하는 것을 요구한다. 그 과정은 먼저 특정 업무 상황을 설정하고, 이에 관련된 문서, 자료 등을 제공한 후, 적어도 30분 정도의 비교적 긴 시간을 부여하면서 지원자가 제공된 자료와 상황을 분석하여 업무를 처리하고, 필요한 작업을 수행하도록 한다. 제한된 시간이 경과하면 면접관은 지원자의 작업 결과와 과정을 평가하는데, 이는 업무의 정확성, 시간 관리, 문제 해결 능력 등을 평가하는 데 중요한 평가 주안점이 있다.

상황 면접에서도 면접관은 지원자의 설명을 듣고 그에 대한 추가적인 질문을 통해 지원자가 보유한 지식이나 기술, 태도 등 직무 수행을 위한 역량과 조직 적응력을 더 깊이 파악하게 된다. 이를 통해 업무 상황에서의 판단력과 전문성을 바탕으로 한 효과적인 상황 대처 능력 및 실효성 있는 문제 해결 역량을 평가한다. 뿐만 아니라 인적, 물적 자원 활용 능력과 효율적인 시간관리 및 우선순위 설정, 협업을 위한 커뮤니케이션 능력과 리더십 등을 평가할 수 있다.

Chapter 3

면접관의 의무와 권한

❶ 면접관의 의무

면접관은 채용과정에서 지원자를 평가하고, 면접을 진행하게 된다. 따라서 지원자의 역량, 경험, 성격, 업무 적합성 등을 평가하여 조직에 가장 적합한 인재를 선발해야 한다. 이러한 인재를 위한 평가를 위해 면접관은 해당 면접에 대해 충분히 이해하고, 면접 평정 요소와 평가에 적합한 면접 질문을 준비하여야 한다. 그리고 면접을 통해 지원자의 답변과 행동을 관찰하고 기록하며 평가 기준에 따라 지원자의 역량을 평가해야 한다.

그러므로 공정하고 객관적인 평가를 위해 면접의 전 과정에서 면접관은 개인적인 선입견과 편견을 배제해야 한다. 또 질문 내용이나 답변 순서, 답변 시간 등에서 지원자에게 차별하지 않고, 평등한 기회를 제공해야 한다. 또한, 면접 후에는 평가 결과를 정리하고, 선발 결정을 내리는 데 도움을 주는 역할을 수행해야 한다.

따라서 면접관은 조직과 지원자 간의 중요한 연결고리 역할을 하게 되며, 직무 수행에 적합한 역량을 갖추고, 조직문화와 가치에 부합하는 인재를 발굴하기 위해 최선을 다해야 한다. 이러한 과정 속에서 면접관은 지원자를 평가하고 조직을 대표하는 중요한 역할을 수행하게 되므로 조직의 대리인이라고 하겠으며, 조직의 권한을 위임받은 면접 서비스 제공자이다.

또한 면접 과정에서 지원자들에게 긍정적인 인상을 심어 주고, 조직의 브랜드 이미지를 강화할 필요가 있는데, 이는 면접관이 지원자에게 조직에 대한 첫인상을 제공하고, 조직의 가치와 문화를 전달하게 되기 때문이다.

앞에서 말한 면접관의 여러 가지 의무를 다음과 같이 정리해 볼 수 있겠다.

① **규정 준수:** 면접관은 조직의 면접평가 규정과 규칙을 준수해야 한다. 해당 면접평가 요소와 평정 기준을 이해하고, 준수해야 할 평가 규정과 면접 규칙에 따라 평가해야 한다.

② **공정성 유지:** 면접관은 모든 지원자에 대해 공정하게 평가해야

한다. 인종, 성별, 출신 등의 편견을 배제하고, 평가 기준에 따라 개인의 역량을 평가해야 한다.

③ **객관성 유지:** 면접관은 객관적인 입장을 유지해야 한다. 개인적인 선호도에 영향을 받지 않고, 지원자의 역량과 경험에 기반하여 평가해야 한다.

④ **비밀 유지:** 면접관은 지원자의 개인정보를 비밀로 유지해야 합니다. 지원자의 정보나 면접에 관련된 내용을 외부에 공개하지 않아야 한다.

⑤ **명확한 의사소통:** 면접관은 지원자에게 답변에 필요한 명확하고 정확한 정보를 제공해야 한다. 지원자에게 질문할 때는 내용을 간결하고 짧게, 이해하기 쉽게 해야 한다.

⑥ **존중과 예의:** 면접관은 모든 지원자를 존중하고 예의를 갖추어야 한다. 지원자의 의견과 경험을 존중하고, 그에 적절한 태도를 보여야 한다.

⑦ **전문성:** 면접관은 전문적인 면접 지식과 기술을 갖추고, 전문적인 태도로 면접을 진행해야 한다. 지원자의 직무 역량과 경험을 평가하기 위해 적절한 질문을 하고, 필요한 정보를 수집해야 하며, 조직의 채용

목적과 요구사항에 일치하는지를 평가해야 한다.

⑧ 컨디션 관리: 면접관은 신체적, 정신적 컨디션을 관리해야 한다. 면접평가는 면접관의 건강 상태에 따라 평가 결과에 영향을 미칠 수 있으므로 최상의 컨디션 관리를 해야 한다.

⑨ 평가 오류 방지: 면접관 개인의 전문 지식과 경험, 평가 습관으로 인한 평가 오류가 발생하지 않도록 주의해야 한다. 평가 오류에 대해 이해하고, 극복해야 한다.

⑩ 피드백 제공: 상황에 따라서는 면접관이 지원자에게 피드백을 제공하는 것이 좋다. 면접 중에 나타난 지원자의 강점과 약점을 객관적인 피드백 제공으로 지원자들이 앞으로의 경력 발전에 도움을 받을 수 있도록 하는 것도 필요하다.

❷ 면접관의 권한

면접관은 채용과정에서 중요한 역할을 담당하기 때문에 그에 적절한 권한이 부여된다. 조직을 대표하여 지원자의 역량, 경험, 성격, 직무 적합성 등을 평가하여 가장 적합한 인재를 선발하기 위해 필요한 정보 수집과 평가를 하게 된다. 지원자에게 질문을 통해 필요한 정보를 수집하고, 이를 바탕으로 지원자의 능력과 경험을 평가하며, 이를 통해 지원자의 직무 적합성을 판단하고, 직무에 적합한 인재를 선발한다. 또한 지원자의 성격과 가치관이 조직문화와 부합하는지 평가하고, 조직 내 협업과 팀워크를 향상시킬 수 있는 지원자를 선발해야 하는데, 이를 위해 면접관에게는 다음과 같은 권한이 주어진다.

① **지원자 평가:** 면접관은 지원자의 역량을 평가한다. 직무 수행에 필요한 직업 기초 능력 및 전문 지식과 기술, 태도에 대한 역량을 평가를 통해 조직에 가장 적합한 인재를 선발한다.

② **질문 권한:** 면접관은 지원자로부터 필요한 정보를 얻기 위해 질문을 한다. 지원자가 보유 역량과 잠재 역량을 평가하기 위해 경험과 경력을 파악하고, 직무에 대한 이해도 및 조직문화에 대한 적응력 및 성격, 가치관 등을 질문을 통해 알아볼 수 있다.

③ **평가 점수 부여:** 면접관은 평가 기준에 따라 평가 도구를 사용하여 지원자에 대한 평가 점수를 부여한다. 평가 점수는 채용프로세스에서 매우 중요한 부분으로 최종 선발 결정에 영향을 미치게 된다.

④ **피드백 제공:** 면접관은 지원자에게 피드백을 제공할 수 있다. 지원자의 강점과 약점을 파악해 제공함으로써 지원자는 자신의 성장과 발전을 위해 피드백을 활용하게 되며, 이를 통해 조직은 지원자들에게 긍정적인 이미지를 심어 줄 수 있다.

Chapter 4

면접관의 자격과 요건

❶ 면접관의 자격

면접관은 조직의 요구사항과 식무에 맞는 적합한 인재를 선발하기 위해 면접 지원자를 평가하는 역할을 맡은 사람이다. 따라서 상황에 따라 누구나 면접관이 될 수는 있지만, 인재 선발의 목표를 효과적으로 달성하기 위해 적합한 자격을 가지고 있어야 한다. 다시 말해 면접관도 면접평가에 적합한 지식과 기술, 태도를 갖추고, 이를 면접평가에서 실행할 수 있어야 직무와 조직에 적합한 인재를 선발하는 면접의 목적을 이룰 수 있다는 것이다. 즉 면접관의 전문성과 인성이 중요하다는 뜻이다.

면접관의 자격이 공식적으로 정해져 있지는 않고, 조건은 조직이나 채용분야 및 면접 상황에 따라 다르지만, 일반적으로 면접관은 적합 인재를 선발하기 위해 지원자를 평가할 수 있어야 한다는 것이다. 그러므로 공정하고 객관적인 평가를 수행할 수 있도록 채용직무에 대한 이해와 경험을 가지고 있고, 조직문화에 대한 이해, 그리고 해당 평가 기준과 평가 척도를 이해하며 이를 적용할 수 있는 평가 능력을 보유해야 한다. 이외에도 커뮤니케이션 기술과 상황 판단력과 통찰력 등을 갖추고 있어야 면접관이 될 수 있다. 그렇지 않으면 조직이 목표한 인재 선발에 저해될 있으므로 면접관을 선정하는 것 또한 채용과정에서 매우 중요하다.

이를 몇 가지로 정리해 보자면 면접관의 자격은 다음과 같다.

① **직무 전문성:** 해당 채용직무에 대한 이해와 경험을 가지고 있어야 한다.

② **조직 이해:** 채용조직에 대한 이해가 필요하다. 조직의 문화와 가치, 비전 등을 이해하고, 이를 바탕으로 지원자의 조직문화 적합성에 대한 평가를 할 수 있어야 한다.

③ **평가 능력:** 평가 요소를 정확하게 이해하고, 평가 기준에 따라 지원자의 역량과 잠재력을 평가할 수 있는 능력을 갖추어야 한다.

④ **커뮤니케이션 기술:** 명확한 질문을 구성할 수 있어야 하고, 평가하고자 하는 요소에 따른 지원자의 답변을 이끌어 내며, 효과적인 커뮤

니케이션 기술을 가지고 있어야 한다.

⑤ **판단력과 통찰력:** 면접 중 관찰된 내용을 수집, 기록하며 지원자의 잠재력과 조직 적합성을 판단할 수 있는 통찰력을 가지고 있어야 한다.

⑥ **공정성과 객관성:** 지원자의 답변과 관찰된 내용을 근거로 공정하고 객관적으로 평가하고, 주관적인 편견을 배제할 수 있는 능력을 가지고 있어야 한다.

그런데, 앞서 말한 자격을 어느 한 사람이 모두 갖추고 있는 면접관을 찾기는 어렵다. 그러므로 실제 면접평가에서는 한 사람의 면접관이 아닌 적어도 2인 이상, 여러 명의 면접관으로 평가위원회를 구성하고 있다. 평가 오류를 예방하고, 효과적으로 적합 인재를 선발하기 위한 장치라고 하겠다. 예를 들어 조직의 내부면접관과 외부면접관 프레임이나, 직무 적합성 평가 면접관과 조직 적합성 평가 면접관 프레임이 가장 많이 사용되고 있다. 지원자의 직무에 대한 전문적인 역량과 조직문화에 대한 적응 및 협업 역량 등을 다각적이고 객관적으로 평가하기 위한 것이다.

이에 대해 조직 내부에서도 면접관으로 선발될 예비면접관들에 대한 면접 관련 교육을 실시하고, 외부에서 참여하는 경우에는 전문면접관 교육 과정을 이수하거나 민간자격증을 보유하고 있기도 하다. 특히 채용시장의 공정성과 전문성이 더욱 강화되고 있는 트렌드에 비추어 면접관의 자격과 자질에 대한 요구도가 점점 증가하고 있다.

❷ 면접관이 갖추어야 할 요건

면접관은 채용조직과 직무에 적합한 인재를 선발을 위해 면접관으로서 가져야 할 전문성과 인성의 자질을 갖추고 있어야 함과 동시에, 정확하고 공정한 평가를 저해하는 행동을 유발하지 않도록 노력해야 한다. 특히 평가자로서 면접의 전 과정에서 자신의 감정과 행동을 컨트롤할 수 있어야 한다. 지원자의 답변을 경청하는 인내심, 타 면접관과 지원자의 질의응답 과정을 관찰하는 집중력이 필요하며, 예상치 못한 상황에도 침착하고 여유 있게 대처할 수 있는 유연한 태도를 가져야 한다.

또한 면접관도 면접 지원자도 모두 긴장하게 마련인데, 심리적으로 안정감을 유지하고, 긴장감을 이완시킬 수 있는 편안한 모습을 보여야 한다. 그리고 면접관은 지원자보다 말을 많이 해서는 안 된다. 짧고 제한된 시간에 지원자의 역량을 최대한 파악할 수 있도록 지원자가 말할 수 있는 시간을 많이 주도록 해야 한다.

그러면서 지원자의 답변 내용을 기록하고, 답변 과정에서 보여지는 지원자의 시각적, 청각적 요소들을 관찰하는 것이 중요하다. 이를 근거로 평가 요소에 따른 지원자의 역량을 객관적으로 분석하고 평가해야 한다.

또한 면접관은 일관성을 유지해야 한다. 처음부터 끝까지 지원자들에 대한 일관성 있는 평가 기준과 평가 척도를 적용해야 지원자의 역량을 객관적으로 평가할 수 있다. 만약 일관성이 없으면 평가 기준이 불명확해지고, 지원자들 간에 공정한 평가가 이루어지지 않을 수 있다.

그리고 면접위원회에서 함께 평가하고 있는 타 면접위원들의 평가 성향을 이해하고, 공감하면서 균형감 있는 태도로 소통하고 협업하려는 자세가 요구되며, 자신의 편견이나 평가 성향을 지나치게 고집하지 않는 것도 중요하다. 자신의 한계점을 인식하고 인정하는 겸손한 태도로 평가 현장의 분위기를 망치거나 평가 목적 달성에 방해되지 않도록 자제할 필요가 있다.

또 면접평가는 제한된 시간을 준수하며 효율적으로 사용해야 하기 때문에 시간 관리 능력이 상당히 중요한 요건이다. 전체 시간과 자신에게 할당된 시간에 대해 정확히 인지하고, 정해진 시간 내에서 질의응답 등 평가할 수 있어야 한다.

앞에서 언급한 면접관의 자질에 대해 몇 가지로 요약해 보면 다음과 같다.

① **심리적 안정감:** 면접관은 심리적으로 안정되어 있어야 하며, 이를 행동으로 보여 줘야 한다. 면접관이 심리적으로 불안하면 평가에 집중할 수 없는 것은 당연하고, 공정하고 객관적인 평가를 한다고 보기 어렵다. 면접관이 수용적인 태도로 안정적인 행동을 보이며, 적정한 대화의 속도로 적절한 표현을 사용하고, 부정적 의미를 줄 수 있는 격양된 반응이나 표현을 하지 말아야 한다.

② **편안한 분위기:** 면접관은 면접장 분위기를 편안하고 부드럽게 이완시켜서 지원자가 자신의 역량을 충분히 발휘할 수 있도록 배려해야 한다. 면접 지원자가 경직되지 않도록 하기 위해 긴장을 풀고 편안한 심리적 상태를 가질 수 있도록 면접관이 먼저 편안한 눈빛과 표정, 말투, 자세에서 편안한 모습으로 지원자를 안심시켜 줘야 한다.

③ **커뮤니케이션 능력:** 면접관은 지원자와 원활한 의사소통을 할 수 있어야 한다. 질문의 요지가 명확히 전달되도록 가능한 짧고 간결하게 해야 한다. 이때 명확한 발음, 적당한 성량으로 긴장하고 있을 지원자가 빠르게 질문의 핵심을 파악하고 답변할 수 있도록 스피치 역량을 갖추고 있어야 한다. 또한 지원자의 답변을 경청하며 이해하고, 필요하다면 적절한 심층적, 추가적 질문을 통해 지원자의 역량을 확인할 수 있어야 한다.

④ **예리한 관찰력:** 면접관은 지원자의 언어적, 비언어적 표현을 예리하게 관찰해야 한다. 면접관은 말을 하기보다는 말을 시키는 사람이다. 즉 면접관은 지원자에게 평가 목적에 부합되는 질문을 하고, 그에 대한 지원자의 답변 내용, 표정, 어투, 어조, 행동 등을 주위 깊게 관찰하여 지원자의 문제 해결 능력, 성격, 소통 능력 등을 평가해야 한다.

⑤ **판단력과 분석력:** 면접관은 지원자의 답변과 행동을 관찰하고 평가할 수 있는 판단력과 분석력을 가져야 한다. 지원자의 역량과 잠재력 평가를 위해 습득한 정보를 분석하고, 객관적 시각에서 평가해야 한다. 이 때 필요할 경우, 자신의 판단 근거를 제시하고, 자신의 판단 근거가 미흡하다면 다른 면접관의 근거에 따라 조정할 수 있도록 노력해야 한다.

⑥ **협업 능력:** 면접관은 면접지원자뿐만 아니라, 평가에 관련된 다양한 이해관계자들과 협업할 수 있는 역량과 태도를 가지고 있어야 한다. 함께 평가에 참여하는 타 면접관들, 채용기관 담당자나 채용대행기관의 책임자 및 진행요원 등이 면접관이 긴박한 면접 현장에서 협업해야 하는 사람들이다. 공동의 목표를 달성하기 위해 긍정적인 업무 환경을 조성하고, 갈등 상황이 발생한다면, 그 상황을 이해하고, 적절한 대처 방법을 찾아야 한다. 아울러 개방적이고 융통성 있는 사고를 가지고 갈등을 해결하기 위해 중재자 역할을 수행하거나, 갈등을 긍정적인 변화로 이끌어 내는 능력도 필요하다.

⑦ **일관성과 타당성:** 면접관은 공평하고 신뢰성 있는 평가결과를 위해 일관성 있는 평가와 타당성 있는 평가 결과를 얻도록 해야 한다. 일관성은 면접관이 모든 지원자에게 동일한 기준으로 평가하고, 동일한 질문을 하며, 동일한 평가 척도를 사용하는 것을 의미한다. 타당성은 면접이 실제로 평가하고자 하는 요소를 정확하게 측정하는 것을 의미한다. 타당성이 높은 면접은 지원자의 직무 역량과 조직 적합성을 정확하게 평가하며, 이를 통해 적합한 인재를 선발할 수 있다.

⑧ **시간 관리 능력:** 면접관은 효율적인 시간 관리를 통해 지원자들의 다양한 역량을 공정하고 정확하게 평가할 수 있도록 해야 한다. 면접관은 시간을 효과적으로 관리하기 위해 필요한 기술과 도구를 활용하는 시간 관리 능력이 요구되는데, 예를 들어, 타이머를 사용하여 각 질문 또는 답변에 할당된 시간을 추적 관리하게 된다. 그렇게 함으로써 제한된 시간 내에 최대한 지원자의 역량을 파악하는 것은 물론 지원들 간에 차별적인 답변 시간이 주어지는 것을 방지하며, 전체적인 면접평가 진행 일정을 맞출 수 있게 된다.

PART III.

면접관의 기술
(Skill)

Chapter 1

면접 진행 단계별 면접관의 임무와 역할

면접의 진행 단계를 크게 3단계로 나누어 각각의 단계별로 면접관이 해야 할 임무와 역할에 대해 말하고자 한다. 먼저 1단계는 면접관들이 면접실에 입실을 마치고 난 후부터 면접이 시작되기 전, 2단계는 지원자들이 면접실에 들어와 실제 면접이 진행되는 단계인 면접 중, 그리고 3단계는 지원자가 퇴실하고 난 뒤, 면접관이 평가 점수를 부여하고 마무리하는 면접 후, 이렇게 구분할 수 있다. 즉 지원자 중심의 관점에서 면접 전, 중, 후의 3단계라고 하겠다. 이때 각 단계별로 면접관들이 반드시 해야 할 임무들을 알아보고, 구조화 면접평가를 효과적으로 수행하고 시간 관리를 효율적으로 하기 위해 각자의 역할에서 중요한 것은 무엇인지 살펴보겠다.

❶ 1단계: 면접 시작 전, 면접관의 임무와 역할

면접평가를 위해 면접관이 면접실에 입실 후부터 지원자가 면접실에 들어오기 전까지 면접관에게는 준비 시간이 주어진다. 상황에 따라서는 매우 짧은 시간으로 핵심적인 사항들만 챙겨야 할 때도 있고, 어느 정도의 여유 시간이 주어지는 경우에는 조금 더 세심한 평가 준비를 할 수 있기도 하다. 시간이 촉박하다고 해서 아무 준비도 없이 면접평가가 시작되지 않도록 최소한 임무와 역할에 대해서라도 인식해야 하고, 시간이 여유 있다고 해서 헛되이 보내지 않도록 유의해서 효과적인 평가를 위한 시간으로 잘 활용해야 한다.

이 단계에서 가장 핵심적인 면접관의 임무와 역할은 다음과 같다.

① **역할 배분:** 효과적인 면접평가를 위한 면접관이 역할을 배분하여 결정한다. 면접관은 단수가 아닌 다수, 적어도 2인 이상이다. 또 평가 요소도 단일 항목이 아닌 여러 항목이 주어진다. 거기에 시간제한이 있기 때문에 이를 효율적으로 활용하기 위해서는 반드시 역할 배분을 해야 한다. 역할 배분을 위해서 가장 먼저 해야 할 일은 면접위원장을 결정하는 것부터 시작한다.

면접위원장은 누가 해야 된다는 규정이나 규칙이 정해져 있는 것은 아니다. 예전에는 기관 내부의 직위나 직급이 높은 사람이나 참여한 면접관들 중에 가장 연장자이거나, 또는 직무 전문 지식이나 기술이 많은 사람이 면접위원장을 맡는 것이 통상적인 관례였었다. 그러나 최근 공정채용과 공감채용에 대한 법과 절차가 엄격해지고, 이를 준수해야 하는 부담감, 그리고 면접 지원자들의 높아지는 면접관의 전문성과 민원 제기 등이 증가하는 추세에 따라 외부에서 참여하는 전문면접관이 면접위원장으로 추천되거나 호선되는 경우가 대부분이다. 또 제한된 환경과 긴박한 시간 속에서 면접평가가 원활히 진행되고, 불미스러운 일이 발생하지 않도록 하기 위한 최선의 선택이라고 하겠다.

면접위원장이 결정되고 나면, 면접위원장의 주도하에 각각의 면접관이 주로 질문을 담당할 평가 항목을 배분하고, 면접관의 질문 순서와 시간 사용량에 대해 의논하고 결정해야 한다. 이때 참여한 면접관들은 자신이 가장 전문적이라고 판단되는 평가 항목을 맡아 질문하겠다는 의사 표현을 적극적으로 하면서 빠른 시간 내에 소통해야 한다. 머뭇거리거나 소극적인 태도는 면접 준비를 어렵게 하고, 평가 분위기도 어색해지기 쉽다. 주로 기관 내부나 직무 전문 분야의 면접관들은 조직 이해나 조직문화 적합성, 직무 이해도나 직무 관련 지식과 기술에 대한 평가 요소를 담당해 질문하는 것이 좋다. 그리고 외부에서 참여한 전문면접관들은 주로 관계 역량이나 의사소통 능력, 협업 능력, 창의력 및 발전 가능성 등의 인성 역량을 평가하는 항목들을 담당하게 된다. 그리고 질문 순서를 정해야 하는데, 이때 평가표에 있는 순서대로 할 것인지, 면접관의 좌석 배치 순서로 할 것인지, 또는 내부와 외부 면접관 순서로 할 것인지는 상황에 따라 결정하면 되는데, 크게 문제가 되지는 않는다. 그런데 이때 각각의 면접관들이 사용하는 질의응답 시간에 대한 결정은 상당히 중요하다. 왜냐하면 대부분 면접 시간이 촉박하게 주어지는 데 비해 면접관들은 궁금한 것이 많아 질문이 더해지기 쉽고, 지원자들은 자신의 생각을 어필하기 위해 답변이 길어지는 상황이 대부분이다. 그러면 구조화 면접에서 지원자의 역량을 골고루 평가하기 어렵고, 시간 사용을 제대로 못하게 되는 면접관은 평가를 위한 지원자의 정보 습득이 부족해질 수 있기 때문에 심리적 스트레스를 받게 된다. 따라서 면접 시작 전에 시간 사용에 대한 면접관들 상호 간의 시간 준수 약속은 꼭 필요하다.

② 자료 준비: 면접관은 면접평가에 참여하게 되면, 여러 가지 자료를 받게 된다. 해당 면접과 관련된 채용과정을 요약한 자료, 해당 직무기술서와 요구 능력 단위, 해당 면접평가에 적용되는 평가 요소와 평가 기준 및 평가 방법에 대한 안내 자료, 공정채용과 공감채용을 위해 의무적으로 실시되는 면접관 교육 자료, 그리고 보안 서약서, 동의서 등 여러 종류의 자필 서명 서류 등을 만나는데, 이에 대해 **빠르게 파악하고 필요한 서명 등을 빠짐없이** 해서 제출해야 한다.

그리고 노트북을 사용해 온라인 평가 시스템에서 평가 점수를 입력한다면 시스템에 로그인해 들어가 자료가 정확하게 들어와 있는지 확인하고, 평가 점수 입력 방법 등에 대해 원활하게 사용할 수 있도록 익혀야 한다. 만약 온라인이 아니고 직접 평가표에 수기로 점수를 기입하는 경우라면 지원자들의 평가표가 제대로 준비되어 있는지도 확인해야 한다. 또 평가 점수 입력이나 기입 방법이 현장마다 조금씩 다르

므로 세심하게 확인하고, 실수나 오류가 발생하지 않도록 평가가 시작
되기 전에 점검하는 과정이 요구된다.

③ **지원서 파악:** 면접관이 지원자들의 입사지원서를 파악하는 것은
지원자들에 대한 정보 습득으로 짧은 면접 시간 동안 효과적으로 질문
하기 위해 매우 필요한 절차다. 면접관은 입사지원서에서 지원자가 해
당 직무에 적합한지, 어떤 역량을 가지고 있는지, 그리고 조직에 대한
이해도와 열정이 어느 정도인지 등을 파악할 수 있다.

공정채용 절차가 적용되는 블라인드 면접에서는 면접관이 편견이나
신입견을 가지기 쉬운 지원자의 개인정보를 가린 상태의 입사지원서
를 보게 되는데, 자기소개서와 경력기술서, 직무수행계획서 등 제공되
는 제한된 범위 내에서 지원자의 경험과 역량을 평가해 적합성을 판단
하기 위한 자료로 활용하게 된다. 또 면접관은 이를 기반으로 보다 효
과적인 질문을 통해 면접을 진행할 수 있고, 최종적으로 적합한 인재를
선발할 수 있다. 그러나 대부분 면접 시작 전에 지원서를 파악하기 위
한 충분한 시간이 주어지는 경우는 드물다. 따라서 최대한 중요한 사
항들 위주로 보아야 하는데, 직무와 관련된 항목들이나 특히 면접관 본
인이 담당한 질문 항목에 관련된 내용 파악을 위주로 하는 것이 좋다.

지원서를 통해 면접관이 지원자에 대해 파악한 정보는 다음과 같은
내용으로 요약할 수 있다. 지원자의 경험과 경력, 지원 동기, 조직 이

해도, 직무 이해도, 직무에 대한 전문성, 조직문화의 적합성, 문제 해결 능력, 관계 능력과 의사소통 능력, 창의력과 의지, 향후 발전과 성장 가능성 등 지원자의 해당 조직과 직무에서 요구하는 지원자의 역량을 파악할 수 있는 정보를 습득할 수 있다.

그러나 주의할 것은 지원서를 통해 파악 가능한 지원자의 정보에 대해 선입견이나 편견을 가지지 않도록 해야 하며, 이에 대해 궁금한 사항은 면접 질문을 통해 지원자에게 직접 확인할 필요가 있다.

④ **질문 준비:** 면접관은 평가 요소에 다른 지원자의 역량을 평가하기 위해 적절한 질문을 준비해야 한다. 지원자의 입사지원서를 통해 검토하고, 평가 요소와 연관성 있게 질문을 준비한다. 만약 질문에 대한 사전 준비 없이 면접관 개인의 경험만으로 면접에 임하게 되면, 효과적인 질문이 되지 못할 가능성이 높다. 앞서 강조한 바와 같이 질문은 평가 요소에 대한 지원자의 역량을 판단하기 위해 가장 핵심적인 내용으로 간결하게 해야 한다. 그런데 질문 준비를 하지 않은 경우, 명확한 질문 요지를 담지 못하거나, 긴 설명으로 지원자를 혼란스럽게 만들거나, 면접관 스스로도 자신감 없이 횡설수설하는 경우도 빈번히 발생한다.

따라서 면접관은 조직문화와 직무 요구사항에 필요한 지원자의 역량을 평가하기 위한 평가 항목들 중에서, 자신이 담당한 평가 요소를 판단하기에 가장 효과적인 질문 문항을 준비해야 한다. 그리고 관련 항목당 적어도 3~4개 정도의 유사 질문을 사전에 준비해 두어야 할 필요가 있다. 왜냐하면 동일한 평가 요소에는 동일한 평가 도구와 평가 척도를 사용하는 것은 당연하지만, 모든 지원자들에게 똑같은 질문을 하는 것은 좋지 않다. 오전이나 오후, 또는 일자가 바뀌는 경우에는 유사한 내용으로 조금 다르게 질문하는 것이 오히려 공정해진다. 이는 면접 질문 문항이 먼저 들어온 지원자들에 의해 외부로 유출될 경우, 나중에 들어온 지원자들에게 유리해질 수 있기 때문이다. 또 지원자가 질문 요지를 잘 이해하지 못하거나 답변하기를 곤란해하는 경우가 발생하기도 하는데, 그럴 때 면접관은 준비된 또 다른 질문을 함으로써 원활한 면접평가를 진행하는 데 도움이 된다.

❷ 면접 중, 면접관의 임무와 역할

면접은 '리허설 없이 단 한 번에 끝내는 생방송과 같다.'고 표현한다. 면접관과 지원자가 사전에 연습을 한 후 면접평가를 하거나, 실수나 오류가 발생하면 다시 할 기회가 주어지는 녹화 방송이 아니다. 오직 단 한 번의 기회가 주어지고, 그 주어진 시간과 장소에서 면접관과 지원자가 라이브로 진행되는 방송 출연자와 같다. 그러므로 실수나 오류를 최소화하고, 최대한 평가 목적을 달성할 수 있도록 원활하게 진행되어야 한다. 따라서 잘 계획된 시나리오가 필요하고, 그 시나리오대로 각자의 역할을 수행해서 목표 달성을 하는 것이 중요하다. 또한 면접 중에 면접관은 오로지 면접에만 집중해야 하며, 다른 면접관의 질문에 대한 지원자의 답변을 관찰하고 기록하면서 각각의 평가 요소에 대한 점수를 부여할 수 있는 근거를 확보해야 한다.

면접 중, 면접관의 역할을 시나리오처럼 진행 순서대로 요약해 보겠다.

① **면접 시작(Opening):** 면접 시작은 가장 먼저 지원자 확인, 인사, 긴장 완화 및 면접 과정을 간단히 설명하는 것이 주요 포인트다. 이 시작 부분은 면접위원장이 주로 담당하게 되며, 소요 시간은 전체 면접 시간의 10% 이내로 약 30초 정도로 길어도 1분 이내에 마치게 된다.

지원자 확인은 "수험번호 ***번 맞습니까?"라고 물어보며, 지원자가 가슴에 부착하고 들어 온 수험표를 통해 확인하게 된다. 그리고 "우리 기관에 지원해 주셔서 감사드립니다."와 같은 환영 인사를 한다. 그러면서 지원자의 긴장을 이완시키고 편안한 마음을 가지는 데데 도움이 되도록 가벼운 질문을 하기도 한다. 이때 사용하는 질문은 가벼운 내용으로 지원자가 깊이 생각하거나 고민하지 않고도 바로 한두 마디 정도로 답변하면서 긴장 완화와 함께 면접관과 소통할 준비를 할 수 있도록 하는데 의미가 있다. 예를 들면 "오시는 데 어려움은 없었습니까?" 또는 "식사는 하셨어요?", "날씨가 춥죠?" 같은 질문을 사용한다. 그리고 공정채용을 위한 제척사항이나 회피, 기피사항에 해당되는지 확인하는 절차가 대부분 있으며, 해당 사항이 확인되면 평가위원은 면접 장소를 떠나기 위해 이석을 하거나(이때 대체위원이 투입되기도 함), 이

석은 하지 않고 질문과 평가를 하지 않거나, 또는 해당 평가 항목에 대한 질문은 하되 평가 점수 부여만 하지 않거나 하는데, 이는 조직의 해당 면접평가 기준에 따라 조금씩 다르게 적용된다.

이후, 면접 진행 과정에 대한 중요사항을 간단히 요약해 안내해 준다. 반드시 시간에 대한 개념을 지원자에게 환기시켜야 하는데, 이미 지원자가 면접실에 들어오기 전, 진행요원으로부터 안내를 받았겠지만, 다시 한번 주지시켜 주는 것이 필요하다. 총 소요 시간을 명시해 주면서, 답변이 길어지지 않게 유의하고, 질문에 대한 핵심사항만 간략히 답변해 주길 강조해 준다. 덧붙여 답변 내용이 길어지면 시간 관계상 중간에 말을 끊을 수도 있으니, 양해해 달라는 부탁과 함께, 평가를 위해 답변 중간이라도 다른 질문으로 넘어갈 수도 있음을 사전에 알려야 한다. 왜 이러한 안내가 중요하냐면 지원자들은 대부분 답변을 길게 하는 특성이 있다. 면접관의 질문에 충분히 설명하면서 자신의 생각과 주장을 어필하고자 한다. 그런데, 시간 제약이나 다른 질문을 위해 부득이하게 면접관이 지원자의 답변 중에 말을 끊으면, 지원자는 불만을 가지기 쉽다. 그러므로 면접 시작 전, 안내사항에 시간에 대한 제약사항을 서로 인지할 수 있도록 하는 것이 요구된다.

그리고 블라인드 면접 방식으로 진행이 되는 경우, 이에 대한 주의도 한 번 더 강조해 주는 것이 좋다. 공정채용을 위해서는 면접관이 지원자의 개인정보를 질문해서도 안 되지만, 지원자도 해당 사항을 면접관에게 제공해서는 안 되기 때문이다. 따라서 "본 면접은 공정채용을 위한 블라인드 면접 방식으로 진행되기 때문에 답변 내용에 위배사항이 포함되지 않도록 주의해 주시길 바라며, 언급 시에는 제지나 경고 및 감점 사유가 될 수 있습니다." 정도로 안내해 준다. 이처럼 면접위원장은 면접 시작을 매끄럽게 진행해야 하며, 타 면접관들도 지원자를 맞이하는 태도로 함께 긴장을 이완하며, 면접 질문 시작을 기다려야 한다.

② **질문하기(Questioning):** 질문하기가 시작되면, 면접 시작 전에 면접위원장의 주도하에 면접관들이 상호 협의한 대로 질문을 하게 된다. 면접관들의 정해진 질문 순서에 따라 각자가 맡은 평가 항목에 대한 지원자의 역량을 판단하기 위해 준비한 질문을 하며, 지원자의 답변을 듣는다. 이때 면접관에게 주어진 시간을 잘 지킬 수 있도록 질문과 답변 시간을 적절히 관리하는 것이 중요하다. 또는 효과적인 질문기법에 따라 구체적인 심층 질문과 추가 질문 등을 할 수 있는데, 이에 대한 자세한 내용은 'Chapter 2. 효과적인 질문기법과 평가 요령'에서 다루기로 하자.

③ **관찰하기(Observing):** 면접관은 면접관의 질문에 대한 지원자의 답변 내용에서 평가 역량과 관련된 사항들을 최대한 찾아내야 한다. 그러면서 지원자의 태도와 실제 행동을 관찰해야 하는데, 이는 지원자가 입실할 때부터 퇴실할 때까지 놓치지 않아야 한다. 그러기 위해서 면접관은 평가 요소에 대한 명확한 이해가 요구되며, 평가 요소별로 평

정 시 점수를 부여하기 위해 평정의 근거가 될 수 있는 정보 수집에 초점을 두고 관찰해야 한다. 지원자의 주장이 논리적 구조와 구체적 근거 중심인지, 일관성이 있는지, 또 혹시 사전에 제시된 자료의 활용도나 참고사항에 부합하는 내용인지를 잘 판단해야 한다.

④ **기록하기(Recording):** 기록은 면접관 개인의 추측이나 해석이 아닌 지원자의 행동에 초점을 두고 기록해야 한다. 답변 내용을 기록할 때는 모든 내용을 다 받아 적을 수는 없으므로 핵심 키워드 위주로 기록하고, 지원자가 사용하는 언어와 표현을 그대로 살려서 하는 것이 좋다. 즉 지원자가 발언한 내용과 보여 주는 행동 중심으로 기록해야 한다. 이 때 면접관이 해석하거나 판단한 내용으로 기록하려고 하면 지원자의 답변 내용을 놓치기 쉽고, 주관적인 시각으로 기록되기 때문에 이를 근거로 평가하려고 하면 곤란하거나 정확성이 떨어질 수 있다. 따라서 면접관은 추측은 배제하고 들리는 대로, 보이는 대로 기록하는 것이 좋으며, 만약 판단을 하였다면, 반드시 그렇게 판단한 근거를 지원자의 답변 내용과 행동에서 비롯된 근거를 함께 적어 두는 것이 필요하다. 예를 들면 '진취적'이라거나 '적극적', '창의적' 같은 기록 방식은 바람직하지 않으며, 그런 기록을 남긴다면, 왜 진취적인지, 어떤 부분이 적극적이었는지, 무엇이 창의적인 답변 내용이었는지를 부가적으로 기록해 둬야 한다는 것이다. 또 여러 지원자들에 대한 기록이 섞여서 바뀐다거나 구분이 어렵지 않도록 지원 그룹이나 지원자 개인에 대한 구분을 정확하게 해야 평가 근거로 활용할 수 있다.

⑤ **종료하기(Closing):** 면접 질문을 마치고, 이제 지원자와의 면접을 종료해야 할 시점에 와 있다. 시작도 중요하지만, 마무리는 더 중요하다고 하겠다. 『끝이 좋으면 모두 좋다』라는 명작 희극 제목에서도 알 수 있듯이, 지원자들에게나 면접관들에게, 면접 종료는 상당히 깊은 의미가 있다. 제한된 면접 환경과 긴장된 면접 과정 중에 면접관도 실수할 수 있고, 특히 지원자는 아쉬운 심정과 안타까운 입장일 것이다. 그러므로 면접 종료 시간은 짧지만, 이에 대해 서로에게 걸림돌이 있었다면 한 번에 걷어 낼 수 있고, 답답했던 응어리가 있었다면 단번에 풀어질 수 있도록 임팩트 있는 시간으로 활용해야 한다. 시간에 쫓기듯 마무리를 제대로 하지 못하고 마치게 되면, 그런 것들을 해소할 수 있는 기회가 없으며, 더구나 지원자에게는 불만의 불씨로 남게 되어 조직에 대한 부정적인 인상을 갖게 되거나 민원을 제기하는 소스가 될 수도 있다.

그러므로 면접을 종료할 때는 자유 형식으로 마무리 발언 기회를 주는 것이 좋다. 하물며 재판장에서도 피고에게 최후의 변론 기회를 주지 않는가? 이에 소요되는 시간은 그리 길지 않아도 된다. 물론 면접 시간이 길게 주어져 여유가 있다면 1분 정도로 가능하겠지만, 그렇지 않다면 10~20초 정도라도 사용할 수 있게 하는 것이 좋으며, 정말 시간이 촉박하고 부득이한 경우라면 최소한으로 하고 싶은 말이나 꼭 질문하고 싶은 사항이 있는지 정도로 지원자의 의사 표현 기회를 줄 수 있다.

이러한 면접 종료는 면접 시작 시 오프닝 멘트를 담당했던 면접위원장이 클로징도 담당하게 된다. 그리고 면접실을 나가기 직전에는 처음 지원자가 면접실에 들어올 때 반갑게 맞이하고 환영했던 것처럼, 면접 평가에 임하느라고 수고했을 지원자에 대한 격려와 감사의 인사를 해야 한다. 예를 들면 "오늘 면접관의 질문에 답변하시느라고 수고가 많으셨습니다. 다시 한번 감사드리며, 면접은 이것으로 마치겠습니다." 라고 한다. 이때 면접관은 지원자의 평가 결과에 대해 중립적인 자세를 유지하고, 지원자 역량의 긍정적 또는 부정적인 면에 대해 암시하거나, 합격이나 불합격 여부를 유추할 수 있는 단서를 제공해서는 안 된다.

❸ 면접 후, 면접관의 임무와 역할

지원자가 면접실을 나가고 면접이 종료된 후, 면접관은 지원자에 대한 평가 점수를 최종적으로 결정해 부여하게 된다. 면접관이 면접 중, 자신이 관찰하고 기록한 것에 근거를 두고, 매우 신중하게 결정해야 하며, 끝까지 공정하고 객관적인 평가자로서의 임무와 역할을 성실히 수행해야 한다.

그리고 지원자에 대한 자신의 주관적 느낌을 한마디로 규정하려 하지 않아야 하며, 포괄적이거나 전반적 인상으로 추상적인 평정을 하지 않도록 주의해야 한다. 단지 면접관의 기억에 의존하거나 추측에 의한 평가보다는 면접 중에 수집한 지원자에 대한 정보와 기록에 근거해 채점하는 것이 평가 오류를 예방하는 방법이 된다.

한편, 자신이 면접 중 발견하지 못한 지원자에 대한 정보나 평가에 반영할 만한 근거에 대해 참고할 필요가 있는데, 면접 후 타 면접관이 수집한 객관적인 자료가 있다면 이를 검토해 보아야 한다. 왜냐하면 짧은 시간에 평가에 근거가 될 만한 지원자에 대한 모든 정보나 근거를 각각의 면접관이 전체적으로 다 관찰하고 수집하는 것은 불가능하기 때문이다. 그러다보면 지원자에 대한 역량 평가에 반영될 만한 긍정적, 또는 부정적 요인들 중 상당히 중요한 근거를 놓칠 수도 있다. 따라서 혹시 면접관 개개인이 찾아내지 못한 직무 적합성과 조직 적합성에 관한 지원자의 장점이나 단점을 동시에 면접에 참여한 다른 면접관이 발견했다면, 그것을 한 번 더 고려해 볼 필요가 있다는 것이다.

물론 자신이 가진 전문적인 면접평가 지식과 기술을 바탕으로 심사숙고해 판단할 결과를 타 면접관의 주장이나 의견에 따라 쉽게 바꾼다거나, 면접관들이 상호 합의에 의해 점수를 부여하고 지원자에 대한 당락을 결정하는 것은 지양해야 하며, 위험한 결과를 초래할 수 있다. 그 이유는 평가에 참여한 면접관들 중, 목소리를 높여 자기주장을 강하게 하는 면접관이나 직위나 직급 등 영향력 있는 면접관이 자신의 의견을 주도적으로 끌고 갈 우려 등이 있기 때문이다. 그렇기 때문에 면접평가 현장에서 아예 면접 종료 후라도, 면접관들의 협의 시간을 주지 않고, 상호 간의 의견 제시를 못 하도록 금지하는 경우도 많다.

따라서 면접 종료 후, 면접관이 해야 할 임무와 역할을 요약해 보자면 다음과 같다.

① **분류(Classifing):** 면접관은 평가 요소를 확인하고, 관찰하고 기록한 결과를 근거로 지원자의 역량 평가 관련된 자료를 분류한다. 평가 요소 확인은 면접에서 평가할 역량 및 관련된 하위 요소를 확인하고, 역량 또는 하위 요소별로 바람직한 행동 특성이 무엇인지 확인해야 한다. 그리고 난 후, 자신이 면접 중 지원자에게서 관찰하고 기록한 결과를 검토하게 되는데, 이때는 앞서 확인한 역량과 그 하위 요소별 행동 특성을 염두에 두어야 한다. 그렇게 면접관이 관찰과 기록을 통해 얻어진 근거 자료는 지원자에게 요구되는 역량과의 관련성을 확인하게 된다. 각 역량별 하위 요소들과의 관련성을 확인했다면, 관찰 기록에 긍정과 부정을 표시하고, 그 강도에 대해서도 분류해 두어 평가 점수를 부여할 때 객관적 근거로 활용한다.

② **평정(Rating):** 면접관은 자신이 분류한 결과에 바탕으로 지원자가 보유한 역량에 대해 최종적으로 평가 점수를 부여한다. 정확한 평정을 위해 분류한 결과를 주의 깊게 다시 읽어야 하는데, 다시 읽고 평가하지 않으면, 평가 오류를 범하기 쉽다. 예를 들면 '초두 효과'나 '최근 효과' 같은 영향을 받기 쉽다. 면접관이 범하기 쉬운 평가 오류에 대해서는 'Chapter 3. 면접관에게 흔히 발생하기 쉬운 평가 오류'에서 자세히 다룰 예정이다.

면접관은 자신이 분류한 결과를 다시 검토하여 혹시 빠뜨린 내용이 있으면 첨가하고, 누락된 근거가 없는지 살펴야 한다. 그런 다음 각 역량과 그 하위 요소 및 요구되는 행동지표와 지금까지 관찰하고 기록하며 수집된 모든 정보들을 대조하고 비교해 본다. 그리고 역량과 하위 요소 및 바람직한 행동 특성을 참고하여 평가 요소에 따른 지원자의 역량에 대해 점수를 부여한다. 또 평가 점수 부여 후, 점수를 잘못 기록하거나 입력에 오류가 있는지 다시 한번 확인하는 것으로 마무리한다.

Chapter 2

효과적인 질문기법과 평가 요령

❶ 면접관의 질문기법과 평가 요령의 중요성

면접관에게 필요한 역량 중 질문 기법과 평가 요령은 가장 핵심적인 면접관의 직무 기술이라고 하겠다. 면접관은 평가 요소에서 요구하는 지원자의 역량과 그 하위 요소들에 대한 객관적 평가를 위해 효과적으로 질문을 구성하고, 질문에 대한 지원자의 답변 내용과 태도 등을 관찰하고 기록한 후, 그 자료를 근거로 공정한 평가를 해야 한다. 질문을 효과적으로 하지 못하면 조직과 직무에서 요구되는 지원자의 역량을 정확히 파악할 수 없고, 평가 요령이 부족하면 정확한 평정이 어렵기 때문에 직무 적합성과 조직 적합성에 최적화 된 지원자를 선발하지 못하고, 평가 오류를 범하게 된다. 따라서 면접관은 효과적으로 질문하는 방법과 평가 방법에 대해 완벽하게 이해하고, 정확하게 실행할 수 있도록 노력해야 한다.

❷ 효과적인 질문의 원칙

면접관이 질문을 효과적으로 하기 위해 가장 우선적으로 지켜야 할 원칙이 있다면 '동일한 평가 요소'를 '유사한 방식'으로 질문하는 것이다. 이는 앞의 '면접 시작 전, 면접관의 임무와 역할' 중 '질문 준비하기'에서도 강조한 바가 있는데, '동일한 직군'을 선발할 때는 '동일한 평가 기준'으로 평가해야 한다는 것인데, 동일한 평가 기준에 따른 평가를 위해서는 '동일한 질문'이 이뤄져야 한다. 물론 항상 같은 단어와 문장을 반복해야 한다는 의미는 아니다. 오히려 조금씩 바꿔서 해야 할 필요성에 대해서는 이미 언급했었다. 즉, 질문의 표현은 조금씩 다를 수 있다는 것이다. 그러나 동일한 내용을 질문해야 공정하고 객관적인 평가가 가능하다.

만약 동일한 직군의 지원자들에게 각각의 질문을 하는 경우, 예를 들면 A 지원자에게는 키를, B 지원자에게는 체중을, C 지원자에게는 혈액형을 묻는 질문 방식은 옳지 못하다. 실제로 면접관으로써 전문적인 지식이나 기술이 부족한 면접관은 동일 직군의 지원자들에게 지원 동기, 관련 경험, 관련 교육 등의 형식으로 각각 다른 질문을 하는 경우가 종종 발생하고 있다. 다시 한번 강조하지만, 이때 바람직한 질문 원칙은 동일 직군의 경우, 동일 질문과 동일 평가 요소를 포함한 내용을 유사한 방식으로 해야 한다.

❸ 바람직한 질문 방식과 스킬

면접관의 바람직한 질문 방식은 대표적으로 개방형 질문, 폐쇄형 질문, 심층형 질문이 있다. 각각의 질문 방식에 대한 개념과 질문 스킬, 그리고 주의해야 할 사항에 대해 설명해 보겠다.

① **개방형 질문:** 개방형 질문은 가장 먼저 시작하는 '기본 질문'으로 '선행 질문', '여는 질문'이라고 한다. 어떤 사실이나 생각을 표출하거나 자신의 감정이나 느낌을 표현할 기회를 제공하는 질문이다. 질문 방식은 예를 들면, "조직 생활에서 가장 중요한 것은 무엇이라고 생각하십니까?"라든지, "행정 업무 수행을 잘하기 위해서 가장 중요한 역량은 무엇이라고 생각하십니까?"와 같이 지원자가 답변할 수 있는 내용의 폭을 넓혀 주어서 지원자들이 생각하고 있는 내용을 비교적 어렵지 않게 답변할 수 있게 열어 주는 기능을 하는 질문 방식이다. 여기에는 정답이 있을 수 없으며, 면접관이 원하는 특정한 답변 내용이 확정해 놓을 수도 없다. 그러므로 단지, 이에 대한 단순한 답변만으로 지원자의 역량을 평가하기에는 변별력이 없을 수 있다.

개방형 질문에 대한 지원자의 답변은 다음에 언급할 심층 질문을 하기 위한 주 질문(Main Question)으로 사용된다. 그래서 선행 질문이나 여는 질문이라는 의미를 담고 있는 것이다. 그래서 어떤 면접 전문가는 이 기본적인 개방형 질문을 '툭 던진다.'고도 말한다. 면접관이 툭

하고 던진 주 질문에 지원자가 어떻게 반응하고 핵심적인 답변을 내놓는지에 따라서 이어지는 후속 질문의 방향과 내용이 결정되는 것이다. 따라서 처음부터 너무 장황한 질문으로 많은 정보를 요구하는 것보다는 가벼운 듯, 간단한 답변이 가능하도록 시작하고, 그 후 지원자의 답변을 구체적으로 이끌어 내며 경험과 역량을 검증하는 것으로 활용될 수 있도록 하는 것이 효과적인 개방형 질문 방식과 스킬이다.

그러나 개방형 질문이 광활한 바다에 낚시하듯 무작정 던지는 질문이 되지 않도록 주의해야 한다. 너무 광범위하거나 포괄적이어서 지원자를 어리둥절하게 만들거나, 면접평가 요소와 무관하다고 느껴질 만큼 추상적이어는 안 된다. 또 변별력을 가지기 어려운 일반적인 주제를 이끌어 내는 것도 효율적인 시간 활용과 효과적인 평가 목적에는 부합하지 않으므로 조심해야 한다. 물론 면접관의 질문 의도에는 나름대로 논리적으로 이끌어 내기 위해 생각하는 바가 있고, 그 다음을 예상하며 질문할 수도 있겠지만, 지원자 입장에서는 그렇지 않을 수도 있다.

이를 테면, 지원자는 면접관의 질문이 황당하다고 느끼거나, 직무 수행 역량과 관련이 없는 부당한 질문을 받았다고 생각할 수 있으며, 지원자의 답변이 궁색해지거나 탈락자라도 된다면 큰 문제가 될 수도 있다. 예를 들면 "가장 존경하는 인물이 누구입니까?", "취미가 무엇입니까?"와 같이 갑자기 툭 던지는 질문 방식도 가장 이상적이고 잘 준비된 답변일 가능성이 높아 평가 변별력이 없고, 무엇보다도 지원자는 질문 내용이 직무와 무관하다고 생각하기 쉽다.

그래도 만약 꼭 이런 질문을 하고 싶거나, 이미 했다면, 이에 대해 대처 방안으로 한 가지 팁(Tip)이라면, 이후 후속 질문에서 이를 직무나 조직의 적합성과 연결시키는 것이다. "그러한 취미 활동이 조직 생활에 어떻게 도움이 되었습니까?"라든가, "존경하는 그 인물로부터 배운 것이 무엇이며, 그것이 직무 수행에 어떤 영향을 주었습니까?"와 같이 이어진다면, 의미가 있는 선행 질문이 될 수 있고, 별다른 무리 없는 면접 질문이 된다. 그러나 면접 시간은 항상 넉넉하지 않고, 촉박하게 진행되기 때문에 이후 후속 질문을 이어가지 못하고, 질의응답을 종료해야 하는 경우가 흔하므로, 그런 식의 질문 방식은 지양하는 것이 좋겠다.

② **폐쇄형 질문:** 폐쇄형으로 질문하는 방식은 후속 질문으로 사용한다. 즉 처음부터 지원자에게 폐쇄형 질문을 사용하는 경우는 매우 드물다. 폐쇄형 질문은 '확인 질문', '선택형 질문', '단답식 질문'으로 지원자에게 주 질문을 하기 전에 먼저 선행 조건으로 간단히 확인이 필요하거나 선택해야 하는 상황일 때 사용된다. 또 지원자가 이미 답변한 내용에 대해서도 확인할 필요가 있는 사항이나 추가적으로 정보 습득이 필요할 때 주로 활용하는 질문 방식이다.

면접관의 폐쇄형 질문에 대해 지원자는 낱말이나 짧은 단문 등 단답식으로 답변하게 되는데, "예.", "아니요." 등으로 체크하는 수준의 질문도 여기에 해당된다. 꼭 알아야 할 사항이 있지만, 면접 제한 시간이 있으므로 시간 절약을 위해 불가피하게 사용될 때도 있다. 예를 들면, "그 때 위험 요인은 없었습니까?", 또는 "A와 B 중에서 무엇이 더 우선이라고 생각하십니까?"라든가, "말씀하신 내용은 본인이 직접 경험하신 것입니까?" 등으로 질문하게 된다.

그러나 폐쇄형 질문을 사용해서는 안 되는 경우가 있는데, 일반적으로 폐쇄형 질문은 면접관이 지양해야 할 질문 방식이기도 하다. 왜냐하면 면접은 지원자의 생각과 경험, 역량을 파악하기 위해 지원자가 자신의 생각을 가능하면 많이 말할 수 있어야 하며, 따라서 면접관은 최대한 질문의 핵심사항만 포함한 짧은 질문을 하는 것이 바람직하기 때문이다. 폐쇄형 질문은 자칫, 면접관이 길고 장황하게 설명한 뒤, 지원자는 그에 대해 단답식이나 선택형으로 간단히 답하게 되면, 지원자에 대해 충분히 이해하기 어렵다. 또 그런 면접관의 장황한 설명 방식의 질문은 지원자의 답변을 유도하게 될 우려가 높고, 지원자는 자신의 생각과 다르게 면접관이 좋아할 만한 대답으로 면접관의 주장에 동의하거나, 거짓으로 선택할 염려도 생기게 마련이다.

③ **심층형 질문:** 심층형 질문은 '후속 질문', '탐침 질문', '꼬리 질문'이라고도 한다. 즉 면접관이 개방형 질문으로 주 질문을 시작한 후, 지원자의 답변 내용을 듣고, 특정 내용이나 행동, 생각 등에 대해 조금 더 심도 있는 정보나 근거를 확보하기 위해 추가적으로 질문을 이어 가는

경우다. 이러한 심층 질문을 통해 면접관은 지원자의 주장이나 의견에 대해 구체적인 내용이나 사실에 대한 자료를 수집할 수 있기 때문에 지원자의 경험이나 역량에 대해 객관적인 평가 결과를 얻는 데 큰 도움이 된다. 대부분의 지원자들은 자신을 긍정적으로 왜곡하는 특성(Faking Good)을 가지고 있고, 사실적인 근거가 없는 생각이나 객관적인 자료가 없이 주장만 하는 경우가 많기 때문이다.

심층형 질문은 주로 앞서 언급한 '면접의 종류와 평가 방법'에서 다룬 것처럼 '경험 행동 면접'에서 가장 많이 사용하는 질문 방식이다. 그리고 발표 면접이나 상황 면접에서도 많이 사용된다. 즉 지원자의 답변 속에서 역량과 경험을 더 깊이 파악하기 위해 사용되는 질문이다. 심층적이고 구체화해 전개되는 질문 방식을 통해 면접관은 지원자가 경험했던 상황이나 역할, 행동에 대해 객관적인 근거를 획득할 수 있으므로, 상황 판단력과 적응력, 문제 해결 능력, 자원 활용 능력 및 협업 방식, 업무 처리 방식 등을 평가하는 자료로 활용하게 된다. 또한 지원자의 가치관이나 사고방식, 커뮤니케이션 능력, 발전 가능성에 대해서 필요한 참고 자료를 얻을 수 있다.

이때 면접관은 질문의 구조와 전개 방식을 신중하게 구성하여야 하고, 지원자가 명확하게 이해하고 답변할 수 있도록 해야 한다. 예를 들면, "그렇게 판단한 근거는 무엇입니까?", "어떤 근거를 기준으로 그렇게 결정하였습니까?", "그런 방식을 적용하기 이전과 이후에 달라진 것은 구체적으로 무엇이었습니까?", "변화된 결과를 볼 때 긍정적인 것과 부정적인 측면은 각각 무엇이었습니까?" 등과 같이 질문을 전개해 나가며, 가능한 지원자의 역량을 객관적이고 사실적으로 판단하기 위해 노력해야 한다.

그런데, 심층형 질문을 하는 과정에서 주의해야 할 사항이 있다. 그것은 심층형 질문의 면접 방식이 지원자에게 압박면접으로 받아들여지지 않도록 하기 위해 유연하고 능숙한 질문 스킬이 요구된다는 것이다. 압박 면접이란 지원자가 답변하기 곤란한 상황으로 밀어 넣고, 지원자에게 답변을 강요하며 스트레스를 주는 것을 의미하는데, 심층 면접 질문 방식이 때에 따라서는 지원자에게는 압박이 될 수도 있다. 면접관은 후속 질문을 통해서 지원자의 역량을 심층적으로 검증하고자 하는데, 그 정도가 지나치거나 부적절해 지원자에게 불리하거나 부정적인 상황을 만들면 그렇게 여겨지는 것이다.

지원자는 자신이 준비한 답변이나 이미 알고 있는 범위 내에 있는 쉬운 내용들에 대해서는 오히려 답변 시간이 경과해도 더 길게 답변하려는 특성이 있다. 그래서 답변 중간에 면접관이 말을 끊기가 어려울 때도 있다. 그러나 반대로 지원자가 사전에 준비하지 않은 내용이나, 아직 모르는 내용, 또는 자신이 직접 경험하거나 실행하지 않은 간접 경험 등을 거짓으로 답변했다가 면접관이 구체적으로 사실을 확인해 가고자 할 때는 상황이 달라진다. 지원자가 더 이상 할 말이 없어지거나,

의사소통 능력 부족, 인내심 부족, 감정적인 컨트롤이 잘 안 되는 경우인데, 이때 지원자들은 대부분 심층 질문을 압박 질문이라고 단정해 버리기 쉽다.

특히 최근 면접트렌드에서는 공감채용을 위해 온화하고 편안한 면접 분위기를 권장하고, 부드럽게 질문해 주기를 바라기 때문에, 면접관에게는 심층 면접이 지원자에게는 압박 면접이 되지 않도록 각별히 유의할 필요가 있다. 이에 너무 깊숙이 파고 들어가려고 해 면접 중에 답변하기 어렵거나, 시간을 촉박하게 주면서 과도하게 빠른 결론이나 충분히 고려하고 결정해야 할 답변을 요구한다면 심층 면접이 곧 압박 면접이 될 가능성이 높다. 또 지원자의 답변 내용이나 태도에 대해 개인적인 공격이 되지 않도록 비난이나 비판을 하지 않아야 한다. 그리고 블라인드 면접에 위배될 만한 지원자의 민감한 개인정보나 이슈가 될 만한 주제, 예를 들면, 정치나 종교, 이념에 관련된 질문으로 지원자를 불편하게 만들어서도 안 되며, 면접관의 커뮤니케이션 역량을 발휘해 지원자를 존중하고 배려하는 태도로 심층 질문을 해야 한다.

❹ 바람직하지 않은 질문 방식과 유형

면접관의 지양해야 할 바람직하지 않은 질문 방식에는 이중형 및 다중형 질문, 가설 질문, 주관적 판단에 의한 질문 등이 있다. 이러한 질문 방식들이 왜 바람직하지 않은지에 대해 알아보고, 어떤 질문 방식이

거기에 해당하는지 예를 들어보겠다.

①이중형 또는 다중형 질문: 이중 질문 방식(Double-barreled question) 또는 다중 질문 방식(Multiple-choice question)은 지원자를 혼란스럽게 하거나, 면접관이 의도한 질문에 대한 답변을 얻기 어려워질 가능성이 높다. 따라서 명확한 질문을 통해 지원자가 질문 내용을 쉽게 이해한 후 그에 대한 답변을 하게 만드는 질문의 원칙에 부합하지 않는다. 또 지원자가 한 번에 질문을 다 이해하지 못하면, 질문에서 요구하는 답변과는 다른 내용을 답변하거나, 모두 답변하지 못하는 상황이 발생하기 쉽다. 뿐만 아니라, 지원자에게 이미 질문했던 내용을 다시 질문해야 하는 번거로움과 시간이 지체되어 매끄럽지 못한 면접 분위기를 만들 수도 있다. 이런 상황이 되면 지원자는 면접관에 대해 불만을 가질 우려도 있으므로 지양해야 하는 질문 방식이다.

그러면 이중형 또는 다중형 질문 방식은 어떤 것을 말하는가? 먼저 이중형 질문 방식은 하나의 질문 안에 두 개의 질문을 포함하는 질문이다. 예를 들면 "제시한 대안의 목적은 무엇이고, 그 대안을 실행하는 데에 장애 요인은 무엇입니까?"나, "그 과정에서 발생했던 문제는 무엇이며, 그 문제를 해결하기 위한 방법은 무엇이었습니까?"처럼 하나씩 떼어서 질문해야 효과적인 질문이 될 수 있는데, 한 번에 두 가지 모두를 질문한 것이다. 그리고 다중형 질문 방식은 거기에 더 추가하는 질문으로 예를 들면 "그 과정에서 발생했던 문제는 무엇이며, 그 문제를 해결하기 위한 방법은 무엇이었습니까? 그리고 그때 그 문제를 해결하기 위해 사용한 도구는 무엇이었습니까?"나 "그 핵심 기술은 무엇이고, 그 기술을 적용하기 위해 필요한 조건에는 어떤 것들이 있으며, 가장 해결하기 어려운 문제는 무엇입니까?"와 같이 길고 복잡하게 이어지는 질문을 말한다. 또 선택형 질문을 하게 될 때, 양자택일 정도로 간단하게 하지 않고, 세 개 이상의 선택지를 제시하고 그중에서 고르게 만드는 경우도 다중형 질문에 포함된다.

이러한 이중이나 다중 형태의 질문 방식은 긴장된 면접 상황에서 효과적으로 평가 목적을 달성하는 데에 방해가 될 수 있다는 것을 기억해야 한다. 아무리 주어진 시간은 촉박하고, 궁금한 것은 많다고 하더라도 면접관이 질문에 대한 욕심을 내서는 안 된다. 그럴 때일수록 면접관은 마음을 비우고, 가장 중요한 사항, 핵심적인 내용만 물어볼 수 있는 질문 방식을 사용해야 한다.

② **가설 질문:** 가설 질문은 면접관이 미리 가정해 놓은 가설을 지원자에게 검증하기 위해 사용되는 질문 방식이다. 그런데, 이러한 질문 방식은 평가를 저해하거나 지원자를 압박할 수 있기 때문에 유의해야 한다. 자칫 면접에서 평가해야 할 지원자의 역량과 무관하거나 무리한 가설 상황일 수도 있고, 특히 지원자가 즉시 대응이 불가능하거나 비현실적인 가상 상황을 제시하는 경우도 있으므로 지양해야 될 질문 방식이다. 또 면접관의 질문 의도가 훤히 보이면, 지원자는 면접관이 듣고

싶어 하는 답변을 해 좋은 점수를 받고자 진심을 숨기고 의도적으로 만들어지는 답변을 하게 된다. 간혹 그러한 질문 의도에 거부감을 느끼거나, 솔직하게 답변을 하는 지원자도 있는데, 그렇게 되면 면접장 분위기가 어색해지고, 서로 불편한 마음을 가질 수도 있다. 이러한 질문 방식은 지원자의 역량이나 진정성 있는 답변을 요구하는 데 매우 부적절하므로 바람직하지 않다는 것이다.

가설 질문 방식으로 사용되는 예를 들어 보자면 "만약 로또복권이 당첨된다면 어떻게 하시겠습니까?"라든가 "혹시 야근을 해야 된다면 어떻게 하시겠어요?"나 "타 지역으로 발령이 나면 어떻게 하시겠습니까?"와 같은 질문은 지원자의 직무 전문성이나 인성에 대한 객관적인 평가를 하기에 적절하지 않다. 또 "상사를 설득하는 데 실패해서 포기해야 한다면 어떻게 하시겠어요?"라든가 "상사로부터 부당한 지시를 받는다면 어떻게 대응하시겠습니까?"와 같은 질문도 별로 바람직하지 않는 질문이 될 수 있다. 부정적 상황을 제시하고 지원자가 곤란함을 느끼면서 압박감을 가질 수 있기 때문이다.

하지만, 때에 따라서는 이와 같은 가설 질문 방식을 사용할 수도 있다. 향후 조직 상황이나 직무 수행 과정에서 발생 가능한 문제를 예측해 보고, 그에 대한 지원자의 문제 분석력과 해결 역량이나 가치관 및 사고 체계, 윤리 의식, 업무 처리 방식 등에 대한 경험이나 역량 및 발전 가능성을 알아보기 위해서는 필요할 때도 있다. 그럴 때에는 지원자가 당황하지 않도록 주의하면서 가설 자체가 잘못되면 안 되거니와, 조직이나 직무 상황과 무관하거나 거의 발생하지 않았거나 발생할 확률이 희박한 상황에 대한 가설로써 지극히 면접관의 개인적인 상상에서 만들어진 가설이 되지 않도록 주의를 기울여야 한다. 부적절하게 검증될 경우 잘못된 결과를 도출할 수 있으며, 결과적으로 적합 인재 선발이라는 평가목적을 달성하지 못하게 된다는 것을 명심해야 한다.

③ **주관적 판단 질문:** 면접관의 주관적 판단에 의한 질문 방식은 지원자의 직무 수행 능력과 조직 적응을 위한 자질을 정확하게 평가하기 어렵게 만든다. 왜냐하면 주관적인 질문은 그에 대한 평가 기준이 명확하지 않기 때문에 지원자의 답변을 객관적으로 파악하지 못할 위험이 있다. 즉 면접관의 질문 자체가 이미 주관적인 판단하에 이뤄졌을 뿐만 아니라, 지원자의 답변 내용에 대해 옳고 그름을 판단하는 것도 주관적일 수밖에 없다는 것이다. 객관적 기준이 없다면, 어떠한 기준을 인식하는 정도도 사람마다 다르게 마련이므로 이런 경우에는 질문도 답변도 모두 주관적으로 흐르게 된다. 공정한 평가, 객관적 역량 평가를 방해하는 질문 방식이 되는 것이다.

주관적 판단 질문에 대한 예를 들면, "목표치가 너무 높은데, 왜 그렇게 높게 설정하셨습니까?"라든가 "왜 그렇게 어려운 방법으로 해결하셨습니까?"와 같은 질문 방식이 주관적 판단에 의한 질문이다. 이런 식의 질문은 지원자에게 동의를 얻지 못하고, 지원자는 목표치가 높지 않다거나, 어려운 방법이 아닐 수도 있으며, 그럴 경우 답변 내용을 근거로 객관적인 평가를 하기 곤란해진다.

이런 경우 바람직한 질문 방식은 "목표치를 그렇게 설정한 이유는 무엇입니까?"나, "혹시 지원자께서는 그 목표치가 너무 높다고 생각하시지는 않습니까?"라고 질문하는 것이 좋다. 또 "그 방법으로 해결하신 이유가 무엇인가요?"라든가, "그 방법을 적용하는 데에 어려움은 없었습니까?"라는 질문으로 바꿔서 사용하는 것이 지원자의 역량에 대한 객관적인 평가 기준이나 평가 근거를 확보하기에 유용하다.

❺ 평가 변별력이 없는 질문과 활용 방법

면접 지원자들을 평가하기 위한 면접장에서, 면접관들이 매우 오랫동안, 상당히 빈번히 사용해 왔던 질문 방식들이 있다. 예를 들면 다음과 같은 질문들이다.

▲ 좋아하는 취미는 무엇인가?
▲ 가장 존경하는 인물은 누구인가?
▲ 가장 행복했던 때는 언제인가?
▲ 가장 좋아하는 운동은 어떤 종목인가?
▲ 가장 감명 깊게 읽었던 책은 무엇인가?
▲ 가장 감동적이었던 영화는 무엇이었는가?

▲ 최근에 가장 관심을 가졌던 뉴스는 무엇인가?

이러한 질문들은 흔히 전통적 면접 질문 방식이라고 하며, 이는 평가 변별력이 없으므로 사용하지 않도록 권장하고 있다. 특히 공정채용을 위한 구조화 면접평가 방식에는 직무 역량과 관련이 없어 보이므로 사용하지 못하도록 통제하기도 한다. 일리가 있다. 왜냐하면 이러한 질문에 대한 지원자의 답변 내용으로 지원자의 직무 성과나 조직 적합성에 대해 예측한다는 것은 타당성이 부족하다는 것이다. 즉 지원자의 역량에 대해 객관적인 기준이나 증거를 확보하기가 어렵기 때문에 평가 변별력을 따져 보는 것이 의미가 없어지거나, 면접관의 평가 오류를 유발할 가능성이 높다는 것이다. 이러한 문제를 일으킬 가능성을 요약해 보자면 다음과 같다.

① **평가 요소인 역량과의 무관성:** 질문의 주제가 평가 요소와 무관하고, 너무 포괄적이고 다양해져 구조화 면접을 저해한다.

② **면접관에 따른 질문의 주관성:** 면접관마다 다른 주관적인 질문을 함으로써 객관성과 일관성 유지가 어렵다.

③ **만들고 준비된 시나리오:** 지원자는 모범 답안처럼 시나리오를 만들고, 외우는 훈련을 통해 잘 준비된 답변을 한다.

④ 면접관의 평가 오류 유발 가능성: 면접관 개인의 신념이나 선호도로 판단을 하거나 평가 오류를 유발할 가능성이 높다.

그러면, 이와 같은 전통적인 질문 방식은 전혀 사용할 필요가 없거나 아예 사용해서는 안 되는 것인가? 반드시 그렇지는 않다. 이러한 질문 방식이 가지는 의미가 있고, 나아가 조금 더 들어가 생각해 보고, 심층 질문을 이어 간다면 효과적으로 활용할 수 있다. 그렇다면 이 전통적인 질문 방식은 어떤 가치가 있기에 그동안 자주 사용되어 왔을까? 그리고, 어떻게 하면 이를 효과적으로 활용해 볼 수 있을까?

① 지원자의 개인의 특성 파악: 지원자의 전체적인 특성이나 일반적인 가치관에 대해 기본적으로 파악해 볼 수 있다.

② 지원자의 커뮤니케이션 스킬과 표현 능력: 답변 과정에서 지원자의 언어 및 비언어적 요소들과 표현 및 전달 능력을 볼 수 있다.

③ 지원자의 긴장 완화: 비교적 가볍게 지원자가 준비한 답변을 하게 함으로써 긴장 완화에 도움이 된다.

④ 예비 질문: 본격적으로 지원자의 경험이나 행동 기반 심층 질문을 위해 들어가기 위해 사용한다.

즉 이 전통적인 질문 방식들에 답변만으로 단순히 지원자의 역량이나 직무 수행을 위한 전문성, 조직문화에 적합한지의 여부를 판단하기에는 상당히 부족하거나 평가 오류를 범할 수 있다. 그러나 지원자의 긴장을 이완시키거나 일반적인 특성 및 성향을 관찰하는 데 도움이 되고, 특히 본 질문으로 들어가기 위한 선행 질문으로 사용할 수 있다는 것이다. 따라서 무조건 사용해서는 안 된다기보다는 어떻게 활용하며 구조화 면접평가를 통한 지원자의 역량을 공정하고 객관적으로 평가하느냐가 조금 더 중요해진다.

❻ 면접관이 지향해야 할 질문 스킬

① 짧은 문장으로 간략하게 질문함: 질문 시간은 20~30초 이내가 적당하다.

② 질문 내용이 이해하기 쉽고 명확함: 한 번의 질문에는 한 가지만 질문한다.

③ 평가 요소와 관련된 것만 질문함: 지원자의 역량 파악을 위한 내용만 질문한다.

④ 평가자로서 질문하고 관찰하며 기록함: 지원자의 답변에서 객관적인 평가 근거를 확보한다.

⑤ **지원자의 답변을 경청함:** 지원자의 설명을 침착하게 듣되, 교정하지 않는다.

⑥ **지원자의 지식, 기술, 태도 등 역량 파악에 집중함:** 지원자를 비판, 설득하거나 논쟁하지 않는다.

⑦ **역량 파악을 위해 효과적인 질문 방식을 활용함:** 주 질문과 후속 질문을 통해 구체적으로 평가한다.

❼ **면접관이 지양해야 할 질문 방식**

① **질문이 너무 상세하고 장황함:** 지원자의 답변 시간을 낭비한다.

② **동시에 2~3가지를 질문하며 길어짐:** 지원자에게 간단한 답변만 요구한다.

③ **면접평가 요소와 무관한 것을 질문함:** 지원자의 객관적인 역량 파악이 어려워진다.

④ **지원자에게 자신의 전문성을 강의함:** 지원자에게 자신의 뛰어난 점을 뽐낸다.

⑤ **지원자에게 자신의 생각을 강요함:** 지원자에게 답변을 설명하고 교육하려고 한다.

⑥ **지원자에게 자신의 관점을 통찰시킴:** 지원자를 설득하고, 이길 때까지 논쟁하려고 한다.

⑦ **평가 요소와 평가 역량에 집중하지 않음:** 주관적 판단으로 구조화되지 않은 질문을 한다.

❽ 평정 수준과 평가 기준에 대한 예시

면접관은 지원자의 답변 내용과 태도에 대해 관찰하고 기록한 자료를 분류하고 평정하게 된다. 이때 평가 기준에 따라 점수를 부여하는데, 그에 대한 예시를 제시하겠다. 평정은 5단계로 구간을 분류하는 경우가 대부분이며, 6단계나 7단계일 경우, 이에 준해서 평정하면 될 것이다.

① **매우 우수:** 가장 높은 수준이다. 관찰과 기록을 통해 분류된 지원자의 모든 행동이 긍정적이고 매우 다양하게 나타나며, 동시에 매우 높은 수준의 강도를 보여 준다. 반면에 부정적 행동은 발견되지 않거나, 발견된다고 하더라도 그 강도가 매우 미미해 별 의미를 두지 않아도 되는 수준이다.

② **우수:** 관찰과 기록을 통해 분류된 지원자의 모든 행동이 긍정적이고 상당히 다양하게 나타나며, 동시에 높은 수준의 강도를 보여 준다. 반면에 부정적 행동이 일부 나타나지만, 그 강도가 약한 수준이다.

③ **보통:** 관찰과 기록을 통해 분류된 지원자의 행동에서 긍정적 행동과 부정적 행동이 서로 유사한 빈도나 강도로 나타나는 수준이다.

④ **미흡:** 관찰과 기록을 통해 분류된 지원자의 다수의 행동이 부정적이고 상당히 다양하게 나타나며, 동시에 높은 수준의 강도를 보여 준다. 반면에 긍정적 행동이 일부 나타나지만, 그 강도가 약한 수준이다.

⑤ **매우 미흡:** 가장 낮은 수준이다. 관찰과 기록을 통해 분류된 지원자의 모든 행동이 부정적이고 매우 다양하게 나타나며, 동시에 매우 높은 수준의 강도를 보여 준다. 반면에 긍정적 행동은 발견되지 않거나, 발견된다고 하더라도 그 강도가 극히 미미한 수준이다.

❾ 긍정적 평가와 부정적 평가에 따른 가점과 감점 예시

면접관은 지원자의 경험을 설명하면서 제시한 사례에 대해서 긍정적으로 평가해 가점을 부여할 것인지, 아니면 부정적으로 평가해 감점 사항에 해당되는지를 판단해야 한다. 이를 위해 지원자의 답변 내용을 관찰하고 기록한 자료를 분류하고 평정하기 위한 평가 기준에 대해 예시를 들어 보면 다음과 같다.

① **사례의 적절성:** 긍정적으로 평가해 가점을 부여할 수 있는 경우는 지원자의 사례가 질문에 정확하게 부합하거나, 평범하지 않고 차별화된 사례, 누구나 쉽게 실천하기 어려운 사례, 창의적 아이디어를 실천한 행동인 경우다. 반면, 부정적으로 평가하여 감점 사유가 되는 경우는 질문의 방향과 다른 엉뚱한 사례, 흔히 접할 수 있는 평범한 스토리, 누구나 어렵지 않게 실천이 가능한 사례, 기존에 흔하게 사용되어 왔던 실천 사례로 특별함이 없거나 차별화되지 않은 사례들이다.

② **역할이나 행동 품질:** 긍정적인 평가로 가점사항이 될 수 있는 경우는 사례 내용에서 지원자 본인의 역할이나 행동이 분명하게 나타나 있고, 그 역할이나 행동이 일의 결과나 성과에 중요하거나 결정적인 영향을 주었거나, 그 강도가 높아서 많은 노력이 요구되는 고품질의 역할 수행이나 행동이었을 때다. 그러나 부정적인 평가로서 감점을 해야 되는 사례는 실제 본인의 역할이나 행동이 아닌 경우, 즉 팀원이나 다른 사람의 역할이나 행동이 대부분이며 지원자 본인의 역할이나 행동은 미미한 경우로서 일의 성과에 결정적이지 않은 경우, 그리고 강도가 그리 높지 않고 난이도가 낮은 역할이나 행동인 경우다.

③ **논리성과 구체성:** 가점을 부여하게 되는 긍정적 평가 기준은 지원자의 행동 과정에 대한 서술이 매우 구체적이고 일관성 있게 전개되

며 논리적으로 타당한 경우와 사용하는 용어나 문장 형식이 적절하고
객관적이고 구체적인 근거를 게시해 신뢰를 얻는 경우가 된다. 반대로
감점을 하게 되는 부정적 평가 기준은 지원자의 행동에 대한 서술 내용
이 포괄적이고 일관성이 없으며 논리성도 부족한 경우, 그리고 사용하
는 용어가 부적절하고, 어색한 문장을 사용하며, 적절한 근거를 제시하
지 못해 답변이 지원자 주관적이고 추상적인 경우가 해당된다.

Chapter 3

면접관에게 흔히 발생하기 쉬운 평가 오류

❶ 첫인상 효과

초두 효과(初頭 效果, Primary Effect)는 맨 처음에 제시된 정보가 나중에 제시된 정보보다 더 잘 기억되는 효과를 말하는 심리학 용어다. 면접에서는 지원자의 첫인상이 그 후의 평가나 판단에 큰 영향을 미치게 되는데, 특히 외모 등의 첫인상에 근거하여 전체를 평가하게 되는 오류를 범하기 쉽다. 이러한 첫인상 효과는 뇌가 정보를 처리하고 판단하는 과정에서 발생하는 현상으로 처음 만난 사람이나 사물에 대한 정보를 빠르게 파악하여 위험한지 여부를 판단하고, 그에 따라 적절한 대응을 할 수 있도록 도와주는 역할을 하게 되기도 한다. 그러나 면접관에게는 지원자에게서 관찰되는 모든 정보를 객관적으로 습득하고 이를 근거로 평가해야 하는데, 첫인상 효과로 인한 평가 오류가 발생하게 되는 것이다.

❷ 후광 효과

후광 효과(後光 效果, halo effect)는 어떤 대상을 평가할 때, 그 대상의 어느 한 측면의 특징이나 단서가 다른 특징이나 단서들을 압도하는 경우를 말한다. 일부 특징이나 단서, 그것이 장점이든 단점이든, 한 가지 또는 일부를 근거로 전체적인 평가를 하게 되는 평가 오류이다. 예를 들어 지원자를 평가할 때, 외모나 지성 등 한 가지 특징에 지나치게 의존해 다른 단서는 간과하거나 의미를 주지 않게 된다. 이러한 후광 효과는 지원자가 보유한 다른 역량들이 무시되거나 면접관의 주관적 판단에 의해 범하게 되는 평가 오류 중 하나다.

❸ 자기중심적 평가

면접관의 자기중심적(自己中心的) 평가 오류는 객관적인 평가기준이 아닌 면접관 자신의 판단 기준에 근거해 주관적으로 평가하는 것을 말한다. 면접관이 자신의 선입견이나 편견, 또는 자신의 개인적 경험과 배경에 따라 지원자를 평가한다는 것이다. 이처럼 면접관이 자신의 선입견이나 편견에 따라 주관적 기준으로 지원자를 평가하게 되면, 조직과 직무에서 필요로 하는 지원자의 실제 역량과는 다른 평가 결과를 얻게 될 수도 있다.

❹ 관대화

평가 오류 중 관대화(寬大化)는 평가자가 성과나 능력에 대해 관대한 평가를 내려서 피평가자의 평정 결과가 우수한 쪽에 집중되거나 치우치게 나타나는 경우를 말한다. 면접관에게 관대화 평가 오류가 나타나는 이유는 지원자가 가진 다양한 특징들 중 일부의 긍정적인 요소에 주목하고, 그 외에 다른 요소들이나 특징들에 비해 그것이 얼마나 중요한 비중을 차지하는지, 어떤 영향을 미치는지 판단하지 않으면서, 종합적으로 고려하지 않는 경우에 발생하기 쉽다. 즉 부정적인 요소들이 발견되더라도, 면접관이 심리적으로 지나치게 긍정적이거나 낙관적이어서 그것들에 대해 중요하게 생각하지 않다고 판단하기 때문이다. 또 관대화가 나타나는 흔한 이유는 면접관이 일반적으로 관대한 성격을 가지고 있거나, 낙천적인 성향을 가진 경우에도 관대화 평가 오류를 범하기 쉽다.

❺ 엄격화

엄격화(嚴格化)는 앞에서 말한 관대화와 반대 의미를 갖는 평가오류다. 즉 평가자가 어떤 대상에 대한 평가에서, 그 대상이 가진 특징들 중 부정적인 특징에 더 많은 비중을 두어 평가하는 것을 말한다. 또 평가자가 피평가자에 대해 지나치게 높은 기준을 적용하여 전체적으로 모두 낮게 평가하는 경우도 이에 해당한다. 이처럼 면접관에게서 나타나는 엄격화 평가 오류는 지원자가 가진 긍정적인 특징들이 있음에도 이 것보다는 부정적인 특징들에 집중하면서, 매우 엄격하고 수준 높은 역량과 행동 품질을 요구하게 되면 발생하게 된다. 이러한 면접관은 대개 자신이 전문적인 학식이나 기술의 숙련도가 높고 경험이 풍부하고 경력이 많은 경우에 흔히 발생한다. 또 면접관이 성격이 고지식하거나 보수적이고 완벽을 추구하는 성향을 가진 경우에 범하기 쉬운 평가 오류다.

❻ 중심화

중심화(中心化) 평가 오류는 위에서 언급한 관대화도 아니고 엄격화도 아닌, 중간 지점에 평가 점수를 대부분 부여하는 평가 오류를 말하는 것이다. 면접관이 지원자들 간 평가 점수 차이가 거의 없이 전체적으로 중간 점수로 평가한 것이다. 이는 평가자가 어떤 대상에 대한 평가에서, 그 대상이 가진 특징들 중 평균적인 특징들에 조금 더 비중을 두어 평가하게 되면서 발생하게 되는 평가 오류라고 할 수 있다. 또 평가자인 면접관이 이성적으로 객관적인 평가를 하지 못하고, 간혹 냉정하게 판단을 내리지 못하는 우유부단한 성격을 가진 경우에 나타날 수 있다. 그리고 면접관이 자신이 부여한 평가 점수로 인해 지원자의 당락 여부가 결정되는 것에 대한 부담을 느껴 이를 회피하고자 하는 경우에도 발생하기 쉬운 평가 오류라고 하겠다.

❼ 비교 평가

면접관의 평가 오류 중 비교 평가(比較 評價)는 지원자들을 서로 비교하여 순위를 매기거나, 우열을 가리는 것이다. 여러 지원자들을 상대적인 위치나 차이에 따라 기준을 적용하며 우열을 파악하게 되는 것이다. 이러한 비교 평가는 처음부터 지원자들 간에 상대 평가(相對 評價) 방식을 적용하여 비교해 가면서 평가하는 것이다. 그런데 이런 상대 평가를 원칙으로 하게 되면, 지원자들의 역량에 대해 객관적인 평가 기준으로 평가하기 어렵고, 특정 지원자에게 유리하거나 불리한 평가 결과를 낼 수도 있다. 먼저 절대 평가(絶對 評價)로 지원자 개개인의 역량에 대해 객관적인 평정 기준과 평가 점수를 부여한 후, 그 결과를 가지고 비교할 수는 있다. 그러나 처음부터 상대적으로 비교 평가를 하는 것은 심각한 평가 오류가 될 수 있다.

Chapter 4

면접관의 심리적 오류와 극복 방안

면접관은 자신의 심리적 상태나 지각된 정보, 주관적 성향에 따라 다양한 평가 오류를 발생시킬 가능성이 있다. 이는 주로 해당 면접의 평가 요소를 잘 이해하지 못했거나 구조화 면접에 대한 부정확한 인식 등으로 지원자에 대한 정확한 관찰 요소를 모를 때, 그리고 판단 기준이 불명확하거나 준거에 대한 해석이 다를 때, 또 대인 오류나 선택적 지각에서 비롯되는 평가의 차이에서 발생하게 된다. 이러한 심리적 오류를 예방하고 극복하기 위해서는 무엇보다도 객관적 평가를 위한 근거 자료를 기준으로 해야 하며, 이를 위해 최대한 주관적 느낌이나 직관을 배제하고, 정확한 기록과 검토하는 습관이 필요하다.

❶ 최근 효과와 초기 효과

최근 효과는 공간적, 시간적으로 근접하여 평가하게 되는 오류로서, 면접 종료에 가까운 시점에 얻어진 정보에 대한 인상이 과대하게 평가에 영향을 미치는 것이다. 초기 효과는 면접 초반의 특정한 정보가 그 이후의 정보들에 비해 평가 결과에 영향을 미치는 것을 의미한다. 이를 극복하기 위해서는 지원자의 역량을 평가할 만한 근거들을 있는 그대로 최대한 기록한다. 그리고 질문과 관찰이 끝난 뒤, 면접관의 기억에 의존하기보다 관찰을 통해 기록된 근거에 의해서 객관적으로 평가한다.

❷ 선택적 지각

자신의 성격 이론이나 인간관, 조직관, 세계관 등에 따라 정보를 선택적으로 인식, 수용하는 경향으로 일종의 투사 오류이다. 주로 자신이 잘 알고 있거나 관심 있는 것에 초점을 두는 심리적 특성으로 전반적인 평가 요소에 필요한 역량을 평가하기 위한 근거를 수집하는 데에 실패할 수 있다. 이에 대한 극복을 위해 면접관은 평가해야 할 역량이 무엇인지, 평가 관련 자료를 통해 사전에 명확히 인지하고, 각 역량별 평가 근거를 획득하기 위해 지원자의 답변을 흘려듣거나 간과하지 말고, 정확하게 관찰하고 기록해야 한다. 그런 후, 역량을 하나씩 평가하면 된다.

❸ 후광 효과와 유사성 효과

후광 효과는 면접관이 지원자의 어느 한 가지 장점이나 단점을 평가에 중요한 요소로 인식하고, 그것을 기준으로 삼아 다른 것들까지 함께 평가해 버리는 경향이다. 유사성 효과는 자신과 유사한 사고를 가지고 있다고 생각하거나 행동으로 나타나는 것에 대한 반응으로 그러한 내용이나 근거에 대해 긍정적이고 공감적인 자세로 해석하고 판단하게 되는 오류를 말한다. 이러한 후광 효과나 유사성 효과를 극복하기 위한 대응 방안은 한 가지 특정한 단서에 의해 전반적으로 지원자를 규정 짓지 않은 것이 중요하다. 그리고 자신의 주관적 시각에서 벗어나 지원자의 답변 내용과 행동을 관찰하고 기록하며, 근거 중심으로 평가해야 한다. 해당 평가 항목에 관련된 질문의 목표가 되는 역량의 정의와 행동 지표, 평가 포인트를 중심으로 판단하는 것이 중요하다.

❹ 중심화 경향

복수의 지원자 간 평가 결과의 차이를 극소화하려는 경향으로 면접관의 평가 리스크를 최소화하려는 소극적 동기에서 기인하며, 면접관으로서의 자신감이 부족할 때 더 많이 나타나게 된다. 이러한 중심화 평가 성향을 극복하기 위한 대응 방안은 각 점수에 해당하는 지원자의 역량 수준을 중심으로 평정해야 한다. 그리고 면접관 자신의 평가 능력 및 평가 기술에 대해 의심을 피하고 자신감을 갖는 것이 요구된다.

❺ 비교화 경향

지원자 간 비교해 가면서 평가하려는 경향으로 두드러지게 높거나 낮은 특정 지원자에 대한 평가 결과가 다른 지원자의 평가에 작용하여 객관적 기준에서 벗어나게 되고, 과도한 영향을 미치게 되는 심리적 오류다. 이에 대한 극복과 대응을 위해서는 선발을 위한 평가이므로 개개인의 특징과 의미 있는 차이, 응답의 근거를 반영해야 한다는 것을 상기해야 한다. 그리고 평가 요소별 평정 기준과 평가 기준에 근거해 각각의 지원자에 대한 절대 평가를 우선 적용한 후, 평가 결과를 가지고 지원자들 간에 상대적인 장단점을 비교할 수는 있다는 것을 참고해야 한다. 그래야 모든 지원자들에 대해 공정하고 객관적인 평가가 이뤄지고, 조직과 직무에 가장 적합한 인재를 선발하는 면접평가의 목적을 달성할 수 있다.

❻ 관대화 경향

사실적인 근거에 관계없이 지원자 모두에게 긍정적 관점을 적용해 평가하는 경향으로 면접평가의 프로세스나 평가 기준보다는 면접관의 인식의 틀이 문제가 되는 경우다. 지원자의 역량에 차이가 존재함에도 불구하고, 지원자들에게 전반적으로 높은 점수를 부여해 변별력이 없는 평가 결과를 얻게 되는 문제가 발생한다. 이러한 심리적 오류를 극복하고 대응하는 방법은 면접관 스스로 자신의 관대화 경향성과 관대화의 정도를 인식하는 것이 우선이다. 그리고 평가 기준을 명확하게 설정하며 평가 결과의 검증을 통해 평가 점수의 폭을 조정할 필요가 있다고 분석되면 과감하게 적용하고, 점수를 다시 부여할 수 있다.

PART IV.

면접관의 태도
(Attitude)

Chapter 1

면접관의 바람직한 가치관과 자세

채용전문사이트인 사람인에서 채용기업 261개사를 대상으로 설문 조사한 결과에서 면접관들의 80%가 자기 검열을 강화하고 있다고 답했다고 한다. 복수 응답을 통해 나타난 결과를 보면, 자기 검열을 강화하는 이유로는 62.3%가 '회사의 이미지 관리를 위해'라고 응답했고, 56.8%는 '좋은 인재를 뽑기 위해서'를 선택했다. 이어진 답변 순위는 '면접 갑질이 사회적인 이슈가 돼서'가 39.7%, '문제 발생 시 불이익을 받을 수 있어서'가 15.8%, 그 외 '회사의 내부 방침'이나 '지원자로부터 안 좋은 피드백을 받은 적이 있어서' 등으로 나타났다.

위의 결과에서도 볼 수 있듯이, 면접관의 역량, 특히 지원자에게 보여지는 면접관 태도는 면접 과정에서 매우 중요하다. 면접은 면접관이 일방적으로 지원자를 평가하는 것이 아니라, 지원자도 면접관을 평가한다고 볼 수 있다. 즉 채용조직과 입사 지원자가 서로 맞는 상대를 찾는 과정인 것이다. 이는 조직의 권한을 위임받아 조직의 대표하는 면접관이 지원자와 만나서 조직과 개인이 서로에 대해 적합성을 평가한다는 의미다. 그러므로 면접관 태도는 면접 중, 지원자의 역량 발휘에 큰 영향을 미치는 것만이 아니라, 추후 입사 결정에도 반영될 수 있다는 것을 기억해야 한다.

면접관이 지원자의 역량을 평가할 때 지원자가 보유한 직무 관련 지식과 기술, 태도를 모두 고려하듯이 지원자도 면접관의 전문적 지식이나 기술뿐만 아니라 태도도 중요하게 바라본다는 것이다. 지원자의 전문성과 인성을 모두 더해 역량으로 평가하듯이, 면접관도 전문성과 인성을 골고루 겸비하여야 한다. 그리고 인성은 곧 그 사람의 태도나 행동으로 나타나고, 상대방에게 전달된다. 어떤 가치관을 가지고 있고, 어떻게 생각하는가도 중요하지만, 현실적으로 어떻게 행동하는가를 더 비중 있게 받아들인다. 따라서 바람직한 가치관을 내면적으로 형성했다면, 그것을 태도로 바꿔야 하며 실제 행동으로 표현해서 상대방에게 전달되도록 항상 노력해야 한다.

그러면 면접관으로서 가져야 할 바람직한 가치관은 어떤 것일까? 무엇보다도 가장 우선적으로 추구해야 할 중요한 가치는 '공정성'이라고 하겠다. 면접에 대한 깊은 이해와 지식 및 기술을 바탕으로 모든 지원자에게 공평하고 일관성 있는 평가 기준을 적용해야 한다. 어떤 지원자에게도 편견이나 선입견을 가지지 않고, 전문가적 시각으로 판단하여 객관적으로 평가해야 하는 것이다. 또 지원자의 다양한 배경과 경험을 인정하고, 개인적인 공격이나 모욕적인 언행을 피하겠다는 지원자에 대해 인간적으로 '존중'하는 마음이 기본적으로 갖춰져 있어야 하며, 그리고 '비밀 유지'라는 윤리적 가치가 요구되는데, 면접관이 지원자의 개인정보를 보호하고, 면접 과정과 면접 결과에 대한 기밀을 엄격히 유지해야 한다.

이처럼 '공정성', '존중', '비밀 유지' 등의 가치관을 가진 면접관들이 취해야 할 바람직한 자세에 대해 말하고자 한다. 먼저 면접관의 친근한 첫인상과 긍정적인 태도는 지원자를 안심시키고 자신감을 갖게 할 수 있다. 그리고 면접관이 존중하고 관심을 보이는 태도를 보이면 지원자는 신뢰를 느끼고 더 솔직하게 자신을 표현할 수 있는데, 이렇게 함으로써 지원자의 역량과 잠재력을 정확히 평가하는 데 도움이 된다. 그리고 편견 없이 모든 지원자에게 일관된 자세와 기준을 적용하는 것은 공정한 평가를 하고, 면접 결과의 공정성을 유지한다. 면접관의 태도는 조직의 이미지와 평판에도 영향을 미치므로 조직에 대한 긍정적인 인상을 형성하는 데 기여해야 한다.

Chapter 2.

인정받는 면접관의 신뢰를 얻는 행동 특징

면접관은 면접의 전 과정을 통해 나타나는 행동에 대해 신뢰를 얻어야 한다. 면접관이 본인 스스로 가지고 있다고 믿는 전문성, 공정성과 객관성, 관계 형성과 의사소통 능력 및 협업 역량 등에 대해 실제 표현되는 언어적, 비언어적 요소들을 신뢰 있는 행동으로 나타내어 인정을 받을 수 있어야 한다. "누구로부터 신뢰를 얻고 인정을 받아야 하는가?"라고 묻는다면, 답은 "모두에게."라고 할 수 있다. 즉 그 모두의 의미를 면접 현장으로 국한해 보자. 가장 먼저 면접 지원자, 또 함께 평가를 하는 타 면접관, 그리고 채용조직(기관) 또는 채용대행조직(기관)의 담당자들에게 신뢰를 얻고 인정을 받는 면접관이어야 한다.

그러면 신뢰를 얻고 인정을 받는 면접관이 되기 위해서는 어떻게 행동해야 하는가? 그것은 면접관에게 요구되는 바람직한 가치관과 윤리, 자세 등이 면접 현장에서 그대로 실제 행동으로 잘 표현하는 것이다. 이는 면접관이 지원자에 대한 면접평가에서 요구하는 사항들과 다를 바가 없다. 면접관도 지원자가 아는 것보다 실제 행동하는 것에 더 비중을 두고 평가하기 때문이다.

신뢰를 받는 면접관이 되기 위해 훌륭한 면접관이 보여 주는 행동 특징들을 요약해 보겠다.

❶ 면접관으로서 적절한 이미지 메이킹과 스피치

① **면접관에게 어울리는 깔끔한 헤어스타일과 단정한 옷차림과 신발:** 면접관은 지원자가 믿고 편안하게 면접에 응시할 수 있도록 신뢰감 있는 이미지를 가꿔야 한다. 즉, 면접 지원자에게 방해가 될 만한 요소들을 최대한 제한시킬 필요가 있다. 따라서 깔끔하게 잘 정리된 헤어스타일과 톤이 낮은 색상에 심플한 디자인으로 단정한 느낌이 나는 정장차림, 그리고 정장에 어울리면서도 편안한 신발을 갖춰 신는 것이 좋다. 예를 들면 너무 편안한 스타일의 캐주얼이나 평상복은 자칫 지원자를 존중하지 않는 느낌을 줄 수도 있고, 과한 색상이나 디자인은 지원자를 심리적으로 불안하게 만들 수도 있다. 또한 화려한 액세서리나 헤어스타일도 면접관의 신뢰감을 저하시킬 수 있으니, 조심해야 한다.

② **절제된 언어를 부드럽게 사용하며 의사 전달이 명확한 스피치:** 면접관의 언어는 빠르게 이해되고, 정확한 의미를 담아 정중한 표현이어야 한다. 그렇다고 일부러 너무 쉬운 단어를 찾거나 길게 설명할 필

요는 없다. 특히 비속어나 유행어를 자주 사용한다거나 반대로 지나치게 겸손한 표현으로 어색한 상황을 만들지 않도록 해야 한다. 지원자를 존중하고 면접관의 품격을 떨어뜨리지 않기 위해 노력해야 하며, 가능하면 표준어를 사용하는 것이 좋다. 또 장황한 문장보다는 짧은 단문을 사용하는 것이 좋으며, 한두 문장으로 끝내는 것이 지원자에게 질문 의도를 전달하기에 도움이 된다.

그리고, 발음과 발성이 적절해야 하는데, 웅얼거리는 발음, 너무 작거나 큰 목소리를 자제해야 한다. 명확한 발음과 중간 정도의 목소리 톤, 적절한 성량으로 명확한 의사 전달을 할 수 있어야 한다. 또 말의 속도가 너무 느리거나 빠르지 않도록 자연스럽게 유지되어야 하며, 무엇보다도 고압적이고 강압적인 어조로 느껴지지 않도록 안정된 스피치를 할 필요가 있다.

❷ 면접관의 인성과 역량을 보여 주는 매너

① **도착 시간 준수:** 면접관은 면접 현장에 언제 도착해야 할까? 그것은 특별하지 않다. 왜냐하면 일상적인 약속 시간 준수와 크게 다를 바가 없기 때문이다. 바로 미리 공지받은 도착 시간을 잘 지키면 되는데, 그러기 위해서는 최소한 20~30분 정도는 여유를 두고 시간 계획을 짜는 것이 좋다. 만약 이동 거리가 멀거나 출퇴근 시간 등 교통체증이 예상되기라도 한다면 대략 1시간 이상 미리 도착하는 일정 계획을 잡아

야 한다. 미리 도착해 신체적 컨디션을 조절하고, 심리적으로 안정감을 갖는 것이 좋으며, 무엇보다도 채용기관이나 채용대행기관 담당자들에게 걱정시키지 않는 것이 중요하다. 도착하면 간단한 문자 등으로 알려 주고, 혹시라도 도착 시간이 촉박한 경우라면 미리 전화나 문자 등을 통해 상황을 고지해 주는 것이 필요하다.

② **인사와 명함 교환:** "당신의 역량을 매너로 표현하세요!"라는 말이 있듯이 면접관이 지켜야 할 에티켓과 그것을 표현하는 매너는 면접관의 역량을 보여 주는 첫인상과 이미지 메이킹에 상당히 중요하다. 면접 현장에는 처음 만나는 사람들이 대부분이다. 공정채용 절차에 따라 면접관 섭외에 보안이 유지되고, 제척사항 등을 고려해 평가위원회를 구성하기 때문에 면접 장소에 가서 처음으로 대면하는 경우가 당연한 것이다. 그러므로 원활한 면접 진행과 각자의 역할을 효과적으로 수행하기 위해서는 빠른 시간 내에 서로 자신을 소개하며 관계 형성을 하는 것이 효율적이다.

이를 위해서는 소극적으로 수동적인 태도를 보이거나 폐쇄적인 행동을 별로 도움이 되지 않는다. 자연스럽게 먼저 인사하면서 자신을 간단히 소개하고, 상대방과 편안한 느낌을 주고받는 것이 필요하다. 부드러운 표정과 가벼운 미소로 목례를 하는 것이 좋고, 상대방이 부담스럽지 않도록 안정감 있는 목소리로 인사말을 건네면 좋다.

이때 명함을 준비해 교환하는 것이 좋은 매너다. 길게 설명하지 않아도 자신이 누구인지 상대방에게 쉽게 알려 줄 수 있고, 한눈에 파악할 수 있도록 도움을 줄 수 있기 때문이다. 명함은 상대방에게 자신에 대한 정보를 제공하는 배려있는 행동이며, 처음 만나는 사람, 특히 업무적으로 협업해야 하는 사람과의 빠른 관계 형성에 반드시 요구되는 필수적인 에티켓이다. 덧붙이자면 명함은 상대방이 글자를 읽기 쉬운 방향으로 잡아야 하며, 오른손으로 건네는 것이 바른 매너다.

❸ 면접관의 공정한 시간 관리

면접관은 자신에게 할당된 질문 시간 준수해야 한다. 면접평가에는 적어도 두 명 이상, 다수의 면접관이 참여한다. 그리고 면접 시간은 일정하게 정해져 있는 시간표대로 진행된다. 또 지원자의 역량을 다층적으로 평가하기 위해 구조화된 평가 항목으로 설계하고, 각 평가 요소별로 공정하게 평가하게 된다. 즉 한 사람의 면접관이 담당하게 되는 평가 항목은 지원자 역량의 일부분이며, 다른 측면의 역량도 다각적으로 평가하기 위해서는 타 면접관의 질문 시간과 지원자의 답변 시간도 보장되어야 한다. 그러므로 면접관은 자신이 맡은 지원자의 역량 요소를 평가하기 위한 질문 시간 내에서 효과적으로 질문하고 지원자의 답변을 들으며 평가해야 한다.

주어진 시간이 짧을 때도 있고, 상대적으로 좀 길게 편성되는 경우도 있다. 그럴 때 면접관의 시간의 장단에 대해 불평하기보다는 제한된 시간을 효율적으로 사용하는 능력이 필요하다. 시간이 짧을 때는 거기에 맞춰서 평가 요소를 파악하기에 가장 효과적인 질문으로 지원자의 답변을 듣고, 관찰하면서 지원자의 핵심 역량을 평가해야 한다. 또 시간 여유가 좀 있는 경우에는 꼬리 질문과 후속 질문으로 지원자의 진정성과 보유한 역량에 대해 심층적인 평가를 해야 한다.

시간이 짧다고 해서, 마음이 급해 지원자에게 압박감을 주거나 평가 변별력이 없는 답변을 유도하는 질문을 하면 안 된다. 또 시간에 대한 욕심을 가지게 되면 다른 면접관이 사용해야 할 시간까지 사용하게 되는 습관을 가지게 되는데, 이는 구조화 평가와 공정 평가에 좋지 않은 방법이 된다. 그리고 상대적으로 면접 시간이 길다고 해서 마냥 늘어지다가 시간만 허비한다거나, 불필요한 꼬리 질문이나 하지 말아야 할 질문을 해서 지원자로부터 민원을 제기받는 경우도 있으니, 시간 활용을 잘하기 위해 면접관의 질문 역량을 강화해야 한다.

❹ 외부면접관의 채용기관에 대한 이해와 정보 및 상식

① 면접 현장에 가기 전, 기관에 대한 정보 습득 방법: 면접관은 채용기관으로부터 권한을 위임받아 조직을 대표하는 면접 서비스 제공자라고 했다. 그러므로 면접관은 채용기관에 대해 기본적인 이해를 바탕으로 면접에 필요한 정보와 상식 수준에서의 지식을 가질 필요가 있

다. 이를 위해서는 기관의 홈페이지에 들어가 보는 방법이 가장 빠르고 쉬운 방법이다. 기관의 홈페이지에 들어가 보면 기관 소개 메뉴가 있고, 그곳에는 기관의 연혁이나 설립 목적, 미션과 비전, 핵심 가치 등을 소개하는 비전 체계, 그리고 기관에서 세워 놓은 인재상 등이 명시되어 있다. 기관에 대한 그러한 기초적인 이해 정도는 하는 것이 좋다.

거기에 기관의 주요 사업 분야와 조직 체계 등을 대략 살펴보고, 특히 기관에서 현재 집중하고 있는 추진 과제나 핵심 이슈 등은 무엇인지 파악해 보는 것도 좋다. 이는 홈페이지에도 있지만, 포털사이트에 기관 명칭이나 기관의 주요 사업과 관련된 검색어를 통해 참고 자료를 찾아보는 것도 좋은 방법이 된다. 물론 이러한 모든 것들이 면접 현장에서 반드시 필수적인 조건이나 모두 반영되는 것은 아니지만, 기관에서 필요로 하는 적합 인재를 채용하는 평가를 하기 위해 도움이 되는 것은 분명하다. 조직마다 조직문화가 다르고, 추구하는 핵심 가치가 다르기 때문에 더욱 그렇다.

더구나 기관의 내부면접관이나 직무 전문성에 대한 역량을 평가하기 위한 면접관이라면 반드시 조직과 직무에 재한 질문을 하기 마련인데, 이때 기관에 대한 이해와 조직문화에 대한 정보를 가지고 있으면 지원자의 역량을 평가하기 위해 효과적으로 질문하고, 관찰하고 근거를 수집하는 데에 큰 도움이 된다.

② 면접 현장에 도착한 이후, 기관에 대한 정보 습득 방법: 만약, 사전에 기관에 대한 이해와 정보를 습득하는 과정에서 궁금한 점이 있거나, 설사 잘 파악하지 못했다 하더라도 너무 당황하거나 크게 걱정할 필요는 없다. 그럴 때는 면접 당일, 평소보다 더 일찍 면접 현장에 도착해 준비하는 방법도 있다. 예를 들면 면접실에 준비된 면접 오리엔테이션 자료를 살펴보아도 좋다. 더 효과적인 방법은 내부면접관을 통한 정보 수집이다.

면접평가 함께 참여하게 될 기관의 내부면접관에게 기관에 대한 핵심사항을 간단히 물어보는 것이다. 특히 해당 채용분야에서 가장 중요한 관점은 무엇인지, 현재 조직에서 가장 이슈가 되고 있는 것들 중에서 면접에서 참고해야 할 사항은 무엇인지 등에 대해 현장에서 직접 듣는 것도 상당히 좋은 방법이다. 짧은 시간이지만, 이러한 시간을 통해 기관의 내부면접관과 소통하며 원활한 면접평가를 위한 관계 형성을 할 수 있는 도움이 되기도 한다. 외부면접관들에 대해 서먹한 분위기와 조직과 직무에 대한 적합 인재 선발이라는 목표 달성을 위해 기관의 내부면접관들은 걱정을 할 수도 있는데, 이때 외부면접관들이 기관에 대해 적극적인 관심을 보이고 이해하려고 하면 서로에게 신뢰가 쌓이는 좋은 기회가 되기도 한다.

❺ 평가 요소에 대한 이해와 평가 방법 숙지

① **평가 요소에 대한 정확한 이해:** 면접관의 가장 큰 임무와 역할은 두말할 나위 없이 지원자에 대한 역량을 평가하는 것이다. 그러기 위해서는 해당 면접의 평가 요소에 대해 정확하게 알고, 평가 방법에 대해 정확히 알아야 한다. 이에 대해서는 공정채용 절차에 따라 사전에 공개되지 않으므로 면접 현장에 도착한 이후, 면접이 시작되기 전까지 빠르게 이해하고 숙지해야만 한다.

이 또한 면접실에 준비된 자료를 바탕으로 오리엔테이션을 통해 습득하게 되는데, 짧은 시간 동안 민첩하게 이뤄지므로 상당히 집중하지 않으면 중요한 평가 지침이나 핵심사항을 놓칠 수도 있다. 구조화된 평가 요소들을 파악하고, 자신이 맡아 질문하게 될 평가 항목에 대해 확실하게 이해하는 것이 중요하다. 조직과 직무에서 어떤 이유로 그러한 평가 요소가 지원자의 역량에 포함되는지 파악하는 것이 좋다. 그래야 면접관이 자신이 지원자에게 보다 효과적으로 직문을 구성하고, 보다 중요하게 관찰해야 하는 것이 무엇이며, 어떤 방향으로 심층 질문을 해야 하는지 알게 되는 것이다.

② **평가 방법에 대한 숙지:** 면접관이 지원자에 대한 역량을 평가한 결과를 최종적으로 점수화하는 것은 매우 중요하다. 아무리 잘 준비하고, 잘 평가했다고 하더라도 평가 방법을 잘못 인식하거나 잘못된 방법

으로 평가하면, 성과를 달성할 수 없다. 그렇게 되면, 극단적으로는 적합 인재가 탈락하고, 부적한 인재가 합격하는 심각한 상황이 발생할 수도 있다. 그러므로 면접관은 평가 방법을 정확하게 알고, 숙지하여 평가해야 한다.

평가 방법은 큰 틀에서는 대동소이하나, 면접 현장마다 조금씩 차이가 있다. 평정 구간이나 평정 방법이 세부적으로 다르기도 하고, 점수 부여 기준이 세부적으로 달라지기도 한다. 그에 따른 평가표가 만들어져 있고, 표기 방법에서 차이가 있기도 하다. 또 종이 평가표에 직접 수기로 작성하는 경우도 있고, 노트북 컴퓨터를 사용하기도 하는데, 그 평가 시스템도 여러 종류가 있으므로 사용 방법을 알고, 제대로 입력해야 한다. 이에 대해서는 채용기관이나 채용대행기관의 담당자들로부터 인내를 받는데, 만약 매끄럽게 사용하기 어렵다면, 조금도 부끄러워하지 말고, 도움을 요청해서라도 무리 없이 평가할 수 있도록 사용 방법을 빠르게 익혀야 한다.

❻ 효과적인 질문 구성과 불필요한 답변 통제로 객관적 평가 근거 획득

① **평가 요소 측정에 타당한 효과적인 질문 구성:** 면접관은 자신이 질문하게 될 평가 요소에 타당한 질문을 구성해 효과적으로 측정할 수 있도록 해야 한다. 질문이 지원자의 보유한 해당 평가 요소를 측정하

기에 타당한지에 대해 심사숙고해야 한다. 면접관 자신이 의도한 바가 있더라도 타 면접관이나 객관적인 시각으로 보았을 때 타당하게 보이지 않는다면 효과적인 질문이 되기 어렵다.

해당 평가 요소에 대한 지원자의 역량을 측정할 수 있는 명확한 질문을 하는 것이 바로 면접관의 역량이다. '면접관의 역량은 질문으로 드러난다.'라고도 한다. 그만큼 질문 구성이 중요하다는 것이다. 지원자가 준비된 답변을 하게 만드는 질문이나, 평가 변별력이 없는 질문, 또는 평가 요소와 무관한 질문을 삼가도록 질문 준비를 해야 한다. 또 다른 면접관이 질문해야 할 평가 요소에 대해 질문하지 않도록 유의해야 한다. 그러기 위해서는 면접관 자신이 담당한 평가 요소에 대한 타당한 핵심 질문을 구성하도록 깊게 고민하고 노력해야 한다.

② 불필요한 답변 통제와 객관적 평가 근거 획득: 면접관은 질문 후, 지원자의 답변을 적절히 통제할 필요가 있다. 이는 제한된 시간에 질문에 대한 지원자의 답변을 이끌어 내고, 그에 대해 지원자의 역량을 효과적으로 평가하기 위해 반드시 필요한 태도이다. 물론 지원자가 편안하게 답변할 수 없을 만큼 불편하게 만들고, 면접관이 유도하는 답변을 하도록 통제한다는 뜻은 절대 아니다.

다만, 제한된 면접 시간을 효율적으로 사용해야 하므로 면접관의 질문에 대한 지원자의 핵심 답변을 들을 수 있도록 통제한다는 뜻이다.

즉 지원자가 너무 장황하게 답변을 이어 간다거나, 부연 설명을 길게 하거나, 상황이나 사례 등이 복잡해질 때는 적절히 끊어 가면서 핵심 답변을 요구한다는 것이다. 또 면접관의 질문에 대한 답변이 아닌 다른 답변을 할 때는 한 번쯤 다시 질문할 수도 있고, 불필요한 내용이라면 적절히 중지할 필요가 있다. 면접관이 지원자의 답변을 그대로 방치하고, 효과적인 평가 근거 획득에 실패하거나 비효율적으로 시간을 낭비하게 둔다면, 오히려 문제가 된다. 그리고 지원자의 답변을 통제할 때에도 갑자기 말을 가로막거나, 강압적으로 위축되게 만들어서는 안 되고, 사전에 그러한 상황이 발생할 수 있음을 예고하는 것이 좋으며, 지원자의 말을 끊을 때도 가능한 부드럽게, 지원자가 수용 가능하도록 면접관은 자신의 비언어적 요소에 신경을 써야 한다.

❼ 편안한 면접 분위기 조성과 타 면접관들과의 원만한 관계 형성

① **편안하고 온화한 면접 분위기 조성:** 면접 현장의 분위기는 당연히 긴장감이 흐른다. 긴장하지 않는다면 오히려 이상할 것이다. 면접 지원자는 합격과 불합격이라는 기로에 서 있는 피평가자로서 긴장하고 있을 것이고, 면접관은 평가에 대한 부담감과 성과 달성에 대한 목표 의식으로 인한 스트레스가 있을 것이다. 또 채용기관과 채용대행기관의 진행팀은 원활한 면접 진행과 인재 선발이라는 과업 수행에 책임감으로 긴장하고 있을 것이다.

그러나 그러한 긴장감을 더욱 가중시킬 필요는 없다. 오히려 긴장을 조금이라도 누그러뜨려 편안한 느낌을 가지게 만들고, 가능하면 온화한 분위기 속에서 면접이 진행되는 것이 모두에게 좋을 것이다. 그리고 그러한 긴장감 완화에 가장 중요한 역할을 하는 사람은 바로 면접관이다. 면접관이 부드러운 표정과 온화한 말투를 사용한다면 면접장 분위기는 한결 더 이완된다.

② 타 면접관들과 원만한 관계 형성: 면접 현장에서의 면접관의 관계 능력은 상당히 중요하다. 짧은 시간 동안 빠르게 관계를 형성하고, 중요한 과업을 함께 수행하며 성과를 달성해야 하는 면접 현장에서는 인간적으로 깊고 장기적으로 돈독한 관계 형성이 필요하지는 않다. 그보다는 민첩하게 협업하면서 업무적으로 신뢰할 수 있는 관계 형성이 요구된다. 그렇기 때문에 서로의 개성이나 취향을 드러내기보다는 효과적인 팀워크를 위해 자신이 해야 할 일과 하지 말아야 할 일에 대해 명확히 인지하고, 협조해야 한다.

이때 타 면접관을 배려하지 않은 언행이나, 성과 달성을 위한 전체적인 팀워크 분위기를 저해하는 면접관은 상당히 당황스럽고 실망스럽다. 그런 경우에는 면접장의 분위기가 좋지 않게 될 뿐만 아니라, 여러 관계들에게 스트레스를 유발시키게 되며, 적합 인재 선발의 목표에 부적절한 결과를 낳을 위험도 있다. 그러므로 면접관은 면접에 대한 자신의 지식과 기술도 중요하지만, 그러한 전문성을 다른 면접관들과 함

께 성과를 이뤄 가는 과정에서 나타나는 태도, 즉 면접관 자신의 인성
에 대해 수시로 들여다보고 성숙해질 수 있도록 노력해야 한다.

❽ 면접관의 평가 오류 예방을 위한 자세

면접관은 항상 자신의 평가 결과에 오류가 없는지 살펴야 한다. 따라
서 평가 오류가 발생하지 않도록 미리 주의하고, 이를 극복할 수 있는
방법을 숙지하고 적용해야 한다. 또 평가 결과를 다시 한번 점검하여
혹시 오류가 발견된다면, 객관적 평가 근거에 의해 수정할 수 있어야
한다. 이는 면접 경험이 별로 없는 초보면접관이나 반대로 면접에 대
한 지식과 기술이 풍부한 전문면접관, 그리고 경험과 경력이 많은 면접
관들에게 모두 해당된다.

왜냐하면 초보면접관은 평가 경험이 별로 없기에 평가 오류가 당연
히 발생할 가능성이 높다. 그리고 면접에 대한 전문 지식이나 기술이
풍부한 전문면접관들은 자신의 똑똑함을 믿고, 자신의 관점만으로 평
가하다 보면 자신이 알지 못하는 부분에 대해서 평가 오류가 발생할 우
려가 높다. 그런가 하면 경험과 경력이 많은 면접관들 또한 자신의 경
험과 경력에서 비롯되는 평가 습관에 익숙해질 수 있고, 그에 따른 평
가 기준을 과신하게 되면 자신도 모르게 평가 오류의 함정에 빠져들게
된다.

그리고, 면접관의 전문성과 경력과 무관하게 면접 당일의 내적 상황과 외적 환경과 관련된 요소도 평가 오류에 상당히 영향을 미칠 수 있다. 예를 들면 면접관의 신체적 컨디션과 심리적 상태라는 내적 상황은 평가 오류 발생에 가장 직접적인 요인이 되기 쉽다. 즉 면접관의 신체적, 심리적 상황에 따라 면접에 임하는 태도가 달라질 것이고, 이는 받아들이는 지원자에게 직접적 또는 간접적으로 표현되어 답변에 영향을 미칠 가능성이 있고, 지원자를 평가하는 면접관도 그러한 내적 상황에서 자유로워지기 어렵다. 그러므로 면접관은 자신의 신체적, 정신적 컨디션을 안정되게 유지하도록 관리하는 것이 중요하며, 그러한 자신의 컨디션이 평가 결과에 반영되지 않도록 주의해야만 한다.

또 면접 현장의 외적 환경이 평가 오류 발생에 영향을 미치는 경우는 다양할 것이다. 이를테면, 날씨, 온도, 시간 등 일반적인 요인에서부터 채용기관의 조직 분위기, 눈에 띄게 드러나는 조직문화, 그리고 함께 평가하는 타 면접관에게서 나타나는 여러 가지 요인들이 면접관의 평가 오류를 유발하게 만들 가능성이 있다. 그러나 면접관은 그러한 외적 환경 요인으로부터 받는 영향을 최소화하고, 안정감을 유지하면서 일관성 있는 평가 결과를 얻을 수 있어야 한다. 그러기 위해서는 공정한 평가 자세를 갖추려는 부단한 노력이 필요하다.

Chapter 3

면접관이 삼가야 할 행동과 주의사항

❶ 지원자 및 면접관과의 상호 존중을 저해하는 말투나 태도

면접관은 지원자나 타 면접관을 무시하는 말투를 사용하거나 행동을 하지 않아야 한다. 그런데 대부분의 면접관들이 지원자를 정말로 무시하는 마음을 가지고 있다거나 타 면접관에게도 실제로 그러한 경우는 별로 없을 것이다. 행여 그런 면접관이 있다면 그 사람은 면접관으로서 자질이 없다고 하겠다. 성별이나 연령, 신체적·정신적 조건, 지위고하를 막론하고, 상대방을 무시해서는 안 된다. 차별하는 언행을 해서는 안 되며, 겸손한 태도로 평등하게 대해야 한다.

그러나 사실이 그렇지 않더라도 상대방이 무시당한다는 느낌을 받게 된다면 이는 그 사람이 나타내는 태도나 행동에서 비롯되는 문제일 가능성이 높다. 그리고 면접관이 지원자를 무시하지 않는 것 정도로 기준을 삼을 것이 아니라, 존중하는 태도로 면접에 임해야 한다. 즉 면접평가에 오기까지 고생했을 지원자를 격려하고, 면접에 응시해 준 것에 대한 감사의 마음을 바탕으로 지원자를 진심으로 존중하는 마음을 가져야 하며, 실제 지원자가 존중받는 느낌을 갖도록 언어적, 비언어적 요소를 통하여 적극적으로 표현해야 한다.

뿐만 아니라 같이 평가에 임하고 있는 타 면접관들에게도 마찬가지다. 이 또한 성별, 연령, 소속이나 직급에 관계없이 동등한 평가위원으로서 서로 존중하고 협력하려는 태도를 가져야 하며, 그러한 마음과 태도를 상대방이 체감할 수 있도록 행동하는 것이 중요하다.

❷ 평가 요소에 따른 지원자의 역량과 관련이 없는 질문

면접관은 구조화된 면접평가에서 평가 요소에 따른 지원자의 역량 평가와 관련이 없는 질문을 해서는 안 된다. 지원자가 해당 조직문화에 잘 적응하기 위한 조직 적합성은 어느 정도인지, 해당 직무를 수행하기 위한 직무 적합성은 어떠한지에 대해 측정하기 위해 설계된 구조화 면접평가에 관한 질문이 아니라면, 하지 않는 것이 좋다. 혹시 면접관의 마음속에는 그러한 의도가 숨어 있다고 하더라도 지원자나 타 면접관들이 객관적으로 인정하기 어렵다면 질문 방식을 바꾸어야 한다. 질문 의도가 평가 요소와 어떤 관련성이 있는지 파악이 안 되거나, 지원자의 직무 수행이나 조직 적응력 등 보유 역량이나 잠재 역량과 관련이 없다고 느껴질 수 있는 내용으로 질문하는 것은 삼가야 한다.

❸ 비효율적인 시간 관리 및 원활한 면접 진행을 방해하는 행동

면접관은 면접평가 일정이 계획된 시간대로 원활하게 진행되도록 협조하지 않거나 방해해서는 안 된다. 면접은 짜여 진 계획표대로 공정하게 사용하고 효율적인 시간 관리를 해야 한다. 그런데 어느 한 면접관이라도 시간 관리에 느슨해지면 전체적인 일정 관리에 실패하기 쉽고, 다른 면접관이 아무리 시간 관리를 잘하려고 노력해도 전반적으로 면접 진행이 매끄럽지 못하게 되며, 이는 결국 평가를 방해하게 된다.

때로는 분초를 다투는 시간표가 주어지기도 하고, 쉬는 시간이 거의 없는 경우도 있다. 그럴 때 잠시라도 느긋한 마음을 가진다면 순식간에 균형이 깨지고, 공정성에 문제가 될 수 있다. 또 상대적으로 시간이 여유 있게 주어진다고 하더라도 질문을 포함한 면접평가 시간과 휴식 시간을 잘 준수하지 않으면, 비효율적인 시간 관리로 효과적인 면접평가를 저해하는 요소로 작용한다. 따라서 면접관은 자신이 사용하게 되는 질문 시간을 잘 준수하고, 평정 시간 및 쉬는 시간 등 면접 일정표에 따라 시간 관리를 철저히 할 수 있도록 노력해야 한다.

❹ 공정채용을 위한 블라인드 면접에 위배되는 질문이나 발언

면접관은 공정채용과 공감채용 실현을 위해 실시되는 블라인드 면접 방식에 위배되는 질문이나 발언을 해서는 안 된다. 성별에 관한 질문, 나이에 관한 질문, 출신 및 출생에 관한 질문, 학력 및 학교에 관한 질문, 가족 및 기혼 여부에 관한 질문, 종교 및 정치적 신념에 관한 질문, 신체적 조건 및 외모에 관한 질문 등은 공정채용 절차를 훼손하는 질문으로 금지되어 있으므로 사용해서는 안 된다.

물론 앞에서 언급한 블라인드 위배사항에 대해 직접적으로 표현하는 것은 당연히 안 되고, 이러한 요소들로 인해 지원자가 차별을 받고 불리하게 평가받는다는 생각마저 들지 않도록 각별히 주의해야 한다. 그리고 면접관 스스로 혹시 그러한 요소들에 대해 면접 현장에서 자연스럽게 알게 되거나 유추할 수 있더라도 선입견과 편견을 가지고 지원자를 평가하지 않도록 주의해야 한다.

❺ 조직과 직무에서 요구하는 역량보다 자신의 주관적 선호도로 평가

면접관은 자신의 주관적 선호도로 지원자를 평가하지 않아야 한다. 어떠한 경우라도 공적 업무를 수행하는 전문가로서의 가치관을 바탕으로 조직과 직무에서 요구하는 지원자의 역량을 평가하기 위한 객관성을 잃지 않으려고 노력해야 한다. 만약 면접관이 자신의 주관적 선호도로 지원자를 평가하거나, 조직 상황과 직무에서 요구하는 역량을 깊게 고민하지 않고, 오래되거나 익숙해진 습관대로 평가해 버린다면 커다란 평가 오류를 범하기 쉽다.

면접관은 어떻게 하면 기관의 채용목적을 달성하고, 조직과 직무에 적합한 인재를 선발하기 위해 최적의 면접평가 결과를 얻을 수 있을 것인지에 대해 끊임없이 노력해야 한다. 그렇지 않으면, 면접관으로서 요구되는 전문성이 부족해 정확히 측정할 수 없거나, 매너리즘에 빠진 평가 오류로 채용기관과 지원자 모두에게 피해를 주게 되므로 항상 객관적 태도를 잃지 않도록 각성해야 한다.

❻ 지원자의 답변 시간을 빼앗는 긴 질문이나 장황한 설명

면접관은 질문을 길게 하거나, 지원자보다 말을 많이 해서는 안 된다. 면접에서 "면접관은 말하는 것이 아니라, 지원자가 말하게 하는 것이다."라고 한다. 이는 면접관은 짧은 질문으로 지원자가 말할 수 있는 시간을 확보해 주고, 가능하면 충분히 말하게 해야 한다는 것이나. 즉 면접관은 화자로서의 역할이 아니라, 청자로서의 역할로 지원자의 답변을 들어 주는 역할이다. 그리고 면접관은 그 역할을 통해 지원자의 답변과 행동 속에서 평가 근거를 수집하고 관찰하며, 평가 기준에 따라 평가하는 것이다.

그런데, 면접관이 자신이 사용할 수 있는 면접 시간 대부분을 질문하는 데에 사용해 버리고, 지원자는 짧게 한마디 하게 만드는 단답형이나 폐쇄형 답변을 요구하는 경우가 종종 있다. 면접관이 긴 설명을 하게 되면 오히려 지원자는 질문을 이해하지 못하거나 혼란스럽게 될 가능성이 높다. 지원자가 자신의 생각을 말할 수 있는 시간을 가능한 한 최대한 주어야 하는데, 면접관이 그 시간을 많이 쓸수록 지원자를 관찰하고 역량을 평가하기 위한 시간이나 자료는 그만큼 부족해질 수밖에 없다. 그러므로 면접관은 지원자의 답변 시간을 빼앗게 되는 결과를 초래하는 긴 질문이나 장황한 설명으로 시간을 지체해서는 안 된다.

❼ 평가자로서의 면접관의 역할이 아닌 교육이나 논쟁

면접관의 역할은 오로지 질문하고, 관찰하고, 평가하는 것이다. 그런데, 지원자에게 조언하고 교육하고, 심지어 논쟁을 벌이기도 하는데, 이러한 행동은 면접관이 평가자로서의 본분을 잊은 것이며, 해서는 안되는 행동이다. 면접관은 지원자의 답변을 끝까지 중립적 자세로 듣고, 공정하게 평가만 하면 된다. 답변을 교정해 주거나 친절하게 알려줄 필요가 없다.

면접은 평가 현장이며, 면접관은 문제를 제시하고, 지원자는 문제를 풀고, 면접관은 평가를 하는 시험의 형태다. 서류 평가나 필기 평가처럼 지원자가 문제를 푼 결과에 대해 평가를 하는 것으로 면접관의 역할은 끝난 것이라고 봐야 한다. 이는 굳이 지원자의 오답에 문제 풀이를 해 주고, 조언을 곁들이고 교육을 할 필요가 없다는 것이다. 대부분의 지원자도 면접 현장에서 그러한 과정을 원하지 않는다. 오히려 그런 상황이 발생하면 지원자는 불만을 갖고 민원을 제기하는 경우가 많다.

그리고 사실 면접에서 지원자의 답변이 정답인지 오답인지를 가려내야 할 경우는 극히 드물다. 특별한 질문 이외는 면접에서는 오히려 정답은 없다고 볼 수 있으며, 지원자의 생각과 경험을 듣고 역량을 평가하는 것인데, 면접관이 답변의 옳고 그름을 그 자리에서 판단하고 지원자에게 알려 주는 행동은 좋지 않다. 가끔 어떤 면접관은 지원자와 논쟁을 벌이기까지 하는데, 이는 면접관으로서 해야 할 역할을 잘못 인식하고 있거나, 심리적으로 미성숙한 태도에서 나오는 심각한 실수라고 하겠다.

❽ 지원자에 대한 면접평가 결과를 암시하는 행동이나 표현

면접관이 면접 도중이나 마칠 때, 지원자에게 면접평가 결과에 대해 직접적으로 말하거나 간접적으로라도 암시하는 언행을 해서는 안 된다. 면접평가의 공정성을 저해할 뿐만 아니라, 전체적으로 평가를 마치면 평가 결과가 달라질 가능성이 높다. 그러므로 합격이나 불합격을 예단하지 말아야 하며, 이에 대해 지원자에게 표현하거나 전달하지 않도록 주의해야 한다.

여기에는 지원자 답변에 대해 지나친 공감이나 칭찬도 포함된다. 면접관이 지원자에게 호의를 보이거나 언어적 또는 비언어적으로 긍정적 의도를 나타내면 지원자는 이를 합격가능성에 무게를 두고 오인하게 될 수 있다. 이와는 반대로 지원자의 답변 내용이나 태도가 불만족스럽더라도 그에 대해 부정적인 반응을 보여서는 안 된다. 면접관은 감정 기복이 적어야 하고, 시종일관 전문가적인 태도로 객관성을 유지하는 언행으로 지원자를 대하고, 평가에 임해야 한다.

Chapter 4

면접관이 해야 할 것 & 하지 말아야 할 것

[신뢰를 주고, 인정받기 위한 역량 면접관의 체크리스트]

해야 할 것 (TO DO)		하지 말아야 할 것 (TO DON'T)	
☐	긴장 완화, 부드러운 표정과 말투, 경어 사용	☐	긴장된 굳은 표정, 반말, 딱딱한 어조로 말함
☐	면접에 방해되는 불필요한 물건들 치우기	☐	휴대폰 등 개인 물건을 탁자 위에 놓기
☐	시종일관 바른 자세로 면접평가에 집중	☐	흐트러진 자세, 빈번하게 산만한 행동
☐	사전 교육 내용을 정확히 이해하고 숙지	☐	사전 교육 내용에 대한 이해와 인식 부족
☐	질문을 준비하고, 구조화 면접에 협력	☐	질문 준비 없이 구조화 면접에 비협조적
☐	이해하기 쉽고 간결하며 명확한 질문	☐	길고 장황한 질문, 일관성 없이 횡설수설
☐	지원자의 언어적, 비언어적 행동 관찰	☐	지원자 관찰에 소홀, 중요 단서 간과
☐	관찰한 것을 기록, 근거 중심의 평가	☐	기록하지 않고, 기억에 의존하여 평가
☐	제한된 시간을 효과적으로 관리, 사용	☐	할당된 사용 시간을 넘김, 비효율적 사용
☐	답변을 끊을 때, 사전 예고 및 양해 구함	☐	예고 없이 답변을 끊고, 일방적으로 질문
☐	평가 오류 예방과 극복으로 객관적 판단	☐	심리적 함정, 주관적 판단으로 평가 오류
☐	면접 규정을 준수와 협력적 태도를 보임	☐	규정과 절차를 무시하고, 비협조적 태도
☐	면접관으로서 적절한 이미지와 매너 준수	☐	면접관으로서 부적절한 이미지/매너 부족

PART Ⅴ.

면접관의 역량 강화와
퍼스널브랜딩 전략

Chapter 1

면접관의 KSA(지식·기술·태도) 강화 전략

❶ 면접관에 요구되는 KSA 역량 요소와 역량 내용

면접관에게 요구되는 전문성과 인성, 즉 면접관의 지식, 기술, 그리고 태도를 포함하는 가장 핵심적인 역량 요소를 제안해 보겠다. 이는 면접 현장에서 평가자로서 면접관에게 가장 필요한 역량 요소라고 말할 수 있으며, 필자가 면접관으로서 오랜 시간 학습하고 축적된 현장 평가 경험을 통해 얻은 결과로써 가장 강조하고 싶은 면접관의 대표 역량이다.

1) 공무원 인재상에 따른 전문면접관의 역량 요소

인사혁신처의 공무원 인재상에 따른 공무원 면접평가표에는 2023년도까지 5가지 항목이 있었다. ▲ 공무원으로서 정신자세, ▲ 전문 지식과 그 응용 능력, ▲ 의사 표현의 정확성과 논리성, ▲ 예의·품행 및 성실성, ▲ 창의력·의지력 및 발전 가능성으로 오랫동안 공무원에게 요구되는 면접평가표였으며, 공공기관에서도 이에 준해 평가표를 개발하고 사용해 왔었다.

따라서 이러한 공무원의 인재상에 비추어 볼 때 면접관에게 요구되는 인재상, 즉 역량을 대비해 보아 정리해 본다면 ▲ 면접관으로서 정신 자세, ▲ 면접 전문 지식과 그 응용 능력, ▲ 면접 질문의 정확성과 논리성, ▲ 면접관으로서의 예의·품행 및 성실성, ▲ 면접관으로서의 창의력·의지력 및 발전 가능성이라고 할 수 있겠다.

그런데, 인사혁신처에서는 2024년 1월 1일부터 개정안을 사용하도록 했다. 그 개정안에 포함된 공무원의 인재상, 역량 요소는 다음과 같다. ▲ 소통·공감(국민 등과 소통하고 공감하는 능력), ▲ 헌신·열정(국가에 대한 헌신과 직무에 대한 열정적인 태도), ▲ 창의·혁신(창의성과 혁신을 이끄는 능력), ▲ 윤리·책임(공무원으로서 윤리의식과 책임성)을 강조했다. 그 외 추가 항목은 상황에 따라 추가할 수 있도록 했다.

위와 같은 공무원 인재상 개정안의 역량 요소에 대한 내용을 면접관의 시각으로 본다면 다음과 같이 말할 수 있겠다. ▲ 소통·공감(지원자, 타 면접관, 평가 관련자와 소통하고 공감하는 능력), ▲ 헌신·열정(면접 성과 달성을 위한 헌신과 평가에 대한 열정적인 태도), ▲ 창의·공정(면접 상황에 대처하는 창의성과 공정평가 능력), ▲ 윤리·책임(면접관으로서 윤리의식과 책임성)으로 고려해 볼 수 있다.

조직에 적합하고 직무에 적합한 인재 선발 과정에서 공정채용과 공감채용을 실현하기 위한 면접관은 공직자에 준하는 역량이 요구된다고 볼 수 있으며, 이에 공무원 인재상에서 제시하는 역량 요소들에 비추어 보고, 역량을 강화할 필요가 있겠다.

2) 면접관의 퍼스널브랜딩을 위한 필수 역량 요소

면접관은 전문성과 인성을 겸비한 평가자로서 필수적인 역량을 보유하고, 자신을 브랜딩할 필요가 있다. 자신의 직무전문성이 기반하여 면접관으로서의 전문적인 지식과 기술을 익힌다면 기본적인 평가 능력을 갖추었다고 볼 수도 있다. 그러나 면접관은 혼자서 업무를 수행하는 것이 아니기 때문에 관계 능력과 협업 능력 및 자기 관리에 대한 역량을 골고루 보유하고 있어야 한다. 그래야 면접관으로서 참여할 기회가 주어지고, 지속적으로 활동할 수 있는 동력을 잃지 않게 되며, 더 많이 성장하고 발전해 갈 수 있다.

따라서 이러한 측면에서 볼 때 면접관에게 요구되는 KSA 역량을 5가지 항목으로 제시해 보겠으며, 각 역량 요소에 필요한 세부적인 역량 내용에 대해서 설명하고자 한다.

먼저 역량 요소는 ▲ 전문 분야의 지식과 기술, ▲ 면접 관련 지식과 기술, ▲ 책임과 성실, ▲ 관계 형성과 의사소통, ▲ 팀워크와 협업 능력이라고 하겠다. 이러한 역량 요소에 대한 역량의 세부 내용을 알아보겠다.

먼저 전문 분야의 지식과 기술은 자신의 전공, 학력, 근무경력, 면허 및 자격사항, 논문 및 저서, 기타 직무 관련 활동사항에 대한 내용이다. 그리고 면접 관련 지식과 기술은 면접평가와 관련된 교육 이수, 면접관 자격증, 평가 분야별 참여 이력 즉, 서류평가·발표면접·토론 면접·경험 행동 면접 등 자신이 직접 평가했던 이력에 대한 내용이다. 다음은 책임감과 성실성이다. 이는 면접관으로서 자신이 해야 할 임무와 역할을 위해 처음부터 끝까지 규칙과 규범을 준수하고 책임감을 발휘하며 성실하게 수행하기 위해 노력해야 한다는 것이다. 그리고 관계 형성 및 의사소통 능력은 긍정적으로 대인관계를 형성하고 원만하게 유지할 수 있는 능력과 적절하고 원활한 의사 표현과 경청 등 의사소통에 관한 지식과 기술 능력을 말한다. 또 팀워크와 협업 능력은 성과 달성을 위한 적극성과 협조성, 이견에 대한 공감 능력, 타인에 대한 존중과 배려를 위한 에티켓 준수와 좋은 매너 등이 포함된다.

이 외에도 신체적 건강 상태와 정신적으로 편안함과 심리적으로 안정감 있는 컨디션 유지를 위해 자기 관리를 철저하게 해 나갈 필요가 있다. 그리고 면접관으로서 신뢰를 줄 수 있는 헤어스타일과 복장 등 외모에 대한 적절한 이미지 메이킹으로 지원자들에게 채용기관의 이미지를 손상시키지 않도록 해야 한다.

❷ 면접관의 전문 분야 활용 및 역량 강화

면접관도 전문성을 강조하고 있다. 채용분야와 관련된 전문적인 지식과 기술, 경력을 바탕으로 면접에 대한 지식과 기술을 가지고 있다면 면접관으로서 요구되는 역량이 한층 강화될 수 있다. 면접 지원자의 직무 수행에 대한 역량과 조직에 대한 적합성을 평가해야 하는 면접관이 해당 직무에 대한 전문성을 가지고 있고, 조직문화에 대한 이해도가 높으면 면접평가의 목표 달성에 효과적이기 때문이다.

그러므로 면접관은 자신이 그동안 전공 분야에서 쌓아 온 전문 지식과 기술, 그리고 축적된 경험과 경력을 지속적으로 계발하고 강화하여 활용해야 한다. 즉 전공 분야와 관련된 학문과 학력, 그리고 직무의 연관성을 찾아 채용기관과 조직의 채용직무가 연결되도록 면접관 자신의 프로필을 작성하고, 어필하는 것이 좋다. 이는 지원자에게 요구하는 직문 전문성과 같은 시각으로 보면 쉽게 이해가 될 것이다. 면접관도 면접 지원자처럼 해당 채용면접에 평가자로서의 직무 적합성이 중요하며, 따라서 그에 따른 전문성이 중요하기 때문이다.

물론 인성전문면접관(HR전문면접관)은 특별한 조직과 직무에 국한

되지 않고, 어느 기관이나 조직의 채용에도 평가위원으로 참여하게 된다. 하지만 그런 경우에도 인사(HR)와 관련된 전문 지식이나 기술, 직무 수행 경험이 있다면 선호도가 높아지는 것이 사실이다. 그러므로 면접관은 자신이 기본적으로 어느 산업 분야에서 어떤 직무에 전문성을 가지고 있는지를 명확히 할 필요가 있으며, 그 분야에서 필요로 하는 직무 역량을 강화하고 적극적으로 활용하는 것이 좋다.

❸ 면접관 교육 과정 이수 및 면접 전문 서적을 통한 역량 강화

면접관은 면접전문가여야 한다. 즉 면접관은 면접에 대한 전문 지식과 기술을 가지고 있어야 하고, 그 지식과 기술을 사용하는 과정에서 표현되는 태도는 더욱 중요하다. 특히 공정채용과 공감채용의 실현을 위해서는 평가자로서 전문면접관이 갖추어야 할 역량이 매우 강조되고 있다. 따라서 면접관은 이에 대해 자신의 면접평가 역량을 기본부터 차근차근 밟아 가고, 실력을 다져 가며, 전문가적 노하우를 습득해 다양한 면접 현장에서 그 역량을 발휘해야 한다.

그러기 위해서는 면접관 양성을 위한 교육 과정 이수는 필수적인 단계다. 면접관 교육 과정은 간단한 오리엔테이션 수준의 면접에 대한 개념 이해와 평가 스킬 등으로 구성된 기초 단계부터 구체화된 면접 지식과 평가 방법에 대한 심화 교육 단계까지 여러 기관이나 단체에서 시행하고 있다. 교육이수 후 면접관 자격시험을 거쳐 전문면접관 자격을 부여하는 기관도 있다. 물론 전문면접관은 아직 국가자격증이나 국가공 인자격증은 아니나, 한국직업능력개발원에 등록된 민간자격증이라면 면접시장에서는 인증 효과가 있다. 그만큼 적어도 면접관으로서 필요 한 최소한의 지식과 기술, 태도에 대해 교육 과정을 이수하기를 요구하 며, 자격증을 보유하고 있다면 어느 정도 인정할 수 있는 근거가 될 수 있다는 의미로 볼 수 있다. 아무런 교육 과정도 이수하지 않았다면, 면 접관으로서의 역량을 객관적으로 신뢰할 만한 자료가 없기 때문이다.

또 교육 과정 이수만으로 면접관에게 요구되는 지식과 기술, 태도를 모두 갖추었다고 볼 수는 없다. 그러한 부족한 역량은 면접 관련 서적 들을 학습함으로서 보완하고 강화해야 한다. 설사 자신의 직무 분야에 대한 전문성이 높고, 실무에서 면접 경험이 많다고 하더라도 공정채용 을 위한 블라인드 면접에서 구조화된 평가 요소에 따라 직무 적합도와 조직 적합도를 평가하는 현재의 면접 방식에 대해서는 반드시 정확히 알고 실행할 수 있는 역량이 요구된다. 면접 관련 서적들이 봇물처럼 쏟아져 나와 있다. 적어도 몇 권의 면접 전문 서적들을 탐독할 필요가 있다.

❹ 면접 현장 실전 경험과 노하우 축적

면접관의 실무 역량은 현장 경험을 통해 강화된다. 흔히 말하기를 "학교 안에서 배운 지식과 학교 밖에서 사용되는 기술은 다르다."고 한다. 이 말은 면접관에게도 적용된다. 면접관이 되기 위해 면접평가에 필요한 지식과 기술을 배웠다고 하더라도 막상 면접 현장에 가서 면접관으로서 평가에 임하게 되면 사뭇 긴장하게 되고, 예상과 다른 현장 상황이나 생각지 못한 진행 방식에 당황할 수도 있다.

그러나 너무 크게 걱정할 필요는 없다. 면접 현장에 나가기 전, 면접관의 임무와 역할에 대해 공부하고, 면접관이 해야 할 것과 하지 말아야 할 것만 잘 지켜도 큰 문제는 일어나지 않는다. 그러기 위해서는 면접 시작 전에 이뤄지는 사전 교육과 오리엔테이션에 집중하고, 진행팀의 안내를 잘 따르며, 함께 평가하게 되는 타 면접관들이 어떻게 하는지 관찰하고 적응하면 된다. 누구나 처음엔 낯설고, 어렵다는 것을 이해하기 때문에 최선을 다하려는 태도를 가지고 성실하게 완수하는 것이 중요하다.

잘 모르면서 아는 체하는 것은 문제가 될 수 있고, 겸손한 자세는 필요하지만, 그렇다고 너무 초보면접관의 티를 내면서 타 면접관들에게 부담을 주는 것도 좋은 태도는 아니다. 빠르게 적응하고 센스 있게 행동하면서 효과적인 평가를 위해 자신의 역할을 다하려는 노력이 필요하다. 특히 지원자들에게 비전문가처럼 보여지지 않도록 담담하게 자신이 해야 할 질문을 정확하게 하고, 표정과 말투에서도 평가자로서 침착한 태도를 유지하는 것이 좋다. 그러한 태도는 타 면접관이나 지원자 모두에게 걱정이나 불안함을 유발하지 않고, 신뢰를 얻어 면접평가 목적을 달성하는 데 도움이 된다. 뿐만 아니라 면접관 자신도 그러한 경험을 통해 성장하고 발전하는 기회가 될 수 있다. 그리고 현장 경험이 누적될수록 전문면접관으로서의 역량이 점점 더 강화되어 갈 것이다.

❺ 면접관과 관련된 다양한 커뮤니티 활동

면접관으로서 보다 전문적인 평가 기회를 많이 얻기 위해서는 관련 커뮤니티 활동을 하는 것이 좋다. 그 이유는 지속적으로 변화되는 채용법규와 절차, 면접 시장 상황과 면접트렌드 및 최근 면접 이슈 등 면접관에게 필요한 정보와 자료들을 가장 효과적으로 접할 수 있는 채널이 되기 때문이다. 따라서 면접관과 관련된 커뮤니티에는 두세 곳 정도는 가입하여 지속적으로 함께 가는 것이 도움이 된다.

그 커뮤니티가 온라인일 수도 있고, 오프라인일 수도 있다. 대부분은 면접관 교육 과정을 이수한 기관이나 단체에서 운영하는 커뮤니티가 많고, 전문면접관들이 모여 서로 정보를 주고받는 자발적인 모임들도 있다. 그런가 하면 채용기관이나 채용대행기관에 면접관을 파견하는 플랫폼 기능으로서의 커뮤니티들이 많은데, 그러한 곳에서는 실제 면접관 업무를 수행할 기회를 얻을 수 있다. 특히 면접관 활동을 막 시작하려거나 초보면접관이라면 그런 플랫폼 커뮤니티들에 적극적으로 가입해 현장 경험을 쌓고, 인지도를 넓혀 가는 것이 좋다.

또 그러한 커뮤니티 활동은 전문면접관들에게는 전문성 강화를 위한 재교육이나 보수 교육처럼 정기적인 교육 기회를 얻을 수 있는 통로가 되기도 한다. 시시각각 변화하는 면접 현장의 요구사항에 적절하게 대응하기 위한 면접관으로서의 역량을 지속적으로 보완하고 강화해 나가지 않으면, 아무리 능력이 있었던 면접관이라도 곧 도태되고 만다.

❻ 퍼스널브랜딩으로 차별화된 전문면접관 포지셔닝

면접관도 선택받아야 한다. 전문면접관으로 활동하는 인력풀이 현재까지 알려진 인원수만 해도 대략 3천 명이 넘는다고 한다. 알려지지 않은 면접관들까지 다 합하면 아마 수천, 수만 명에 이를 수도 있다. 따라서 면접관으로 활동하고, 역량 있는 전문면접관으로 인정받으려면 차별화된 경쟁력으로 포지셔닝해야 할 필요가 있다.

포지셔닝(Positioning)이란 마케팅 용어로 기업·제품·상표 등이 잠재 고객들에게 긍정적으로 인식되도록 하는 일이다. 포지셔닝은 곧 경쟁력을 갖는다는 것인데, 그러기 위해서는 차별화된 브랜드 정체성으로 브랜드 고유의 가치를 제공해야 한다. 먼저 ▲ 브랜드 정체성이다. 이는 브랜드 콘셉트를 말하는데 브랜드의 기능과 성능, 즉 속성이나 특성을 말한다. 다음은 ▲ 브랜드 경쟁력이다. 이는 브랜드 차별화를 말하며 브랜드가 지니는 가치와 파워로서 브랜드가 제공하는 혜택과 이익이 명확해야 한다는 것이다. 그리고 이는 ▲브랜드 인지도로 완성된다. 이는 브랜드 이미지로서 표현되고 전달되어 다른 브랜드의 인식과 구별되는 것이다. 브랜드 인지도는 긍정적인 이미지로 긍정적인 인지도를 상승시킬 수도 있지만, 그 반대가 되는 경우도 포함된다.

이를 면접관의 퍼스널브랜딩 전략으로 포지셔닝을 해 보자. 먼저 '당신은 무엇을 떠오르게 할 것인가?'에 대한 답이 브랜드 콘셉트이며, 곧 브랜드 정체성을 나타낸다. 그리고 '당신은 다른 면접관과 무엇이 다른가?'에 대한 답은 브랜드 차별화로써 브랜드 경쟁력이 된다. 또 '당신은 다른 면접관과 어떻게 다르게 할 수 있는가?'에 대한 답은 브랜드 이미지로서 브랜드 인지도에 영향을 미치게 된다.

그러면 이러한 퍼스널브랜딩 전략을 통해 경쟁력 있는 면접관으로 확실하게 포지셔닝하기 위해 조금 더 구체적으로 알아보자. 먼저 면접관의 정체성을 위한 브랜드 콘셉트로는 면접관에게 필요한 면접 관련 전문 지식, 기술을 바탕으로 이를 실제 수행하는 태도에서 나타나는 종합적인 역량이라고 할 수 있다. 가장 기본적이면서도 필수적으로 갖추어야 할 면접관으로서의 전문성과 인성을 보유한 면접관으로서의 적합도가 높아야 할 것이다.

다음은 면접관의 경쟁력을 위한 차별화 전략으로 다른 면접관과는 명확히 다른 요소가 있어야 한다. 여기에는 물론 자신의 전공 분야와 전문 분야, 근무 경력과 활동사항 등 이력을 바탕으로 면접관으로서 어떤 차별화된 가치를 제공할 수 있는지에 대한 역량에 관한 것이다. 여기에는 직무 전문 분야나 면접 분야에 관련된 면허나 자격, 논문이나 저서 활동 등은 차별화 역량 요소로 작용하게 된다. 또 자신에게 누적된 면접 관련 경험과 평가 이력 등은 경쟁력 확보에 가장 중요한 자산이다.

그리고 면접관 인지도를 위한 브랜드 이미지는 면접관의 역량을 표현하며 전달하는 부분으로 퍼스널브랜딩을 위한 포지셔닝에서 상당히 중요하다. 특히 겉으로 드러나거나 몸으로 보여지거나, 다른 사람이 인식할 수 있는 언어적·비언어적 요소들이 여기에 포함된다. 예를 들면 면접관 프로필과 프로필에 부착된 사진이 가장 먼저 브랜드 이미지에 영향을 준다. 그리고 면접관의 복장이나 외모에서 풍겨지는 품격, 표정과 자세 등의 시각적 요소와 언어와 말투 등 청각적 요소가 있다. 또 면접관으로서 지켜야 할 적절한 예의(에티켓)를 지키고, 예절(매너) 있는 행동을 하는지도 면접관의 인지도에 긍정적 또는 부정적인 요인으로 작용하게 된다.

그러므로 면접관은 브랜딩을 위한 정체성 확립과 차별화된 가치 제공을 위한 브랜드 경쟁력을 갖추고, 긍정적인 이미지로써 인지도 상승을 위해 지속적으로 노력해 가야 한다.

Chapter 2

면접관의 경력 개발과 퍼스널브랜딩 전략

면접관은 처음 입문 단계부터 본격적인 활동으로 성장해 가서 그야 말로 고수가 되기까지, 그리고 그 이후에도 지속 가능한 면접관 활동을 위해서는 각 단계별로 효과적인 자기개발을 통한 끊임없이 역량을 강화해야 한다.

그러면, 면접관의 지식, 기술, 태도의 역량 강화를 위한 단계별 경력 개발 전략을 정리해 보겠다.

❶ 초보면접관 - 입문 단계

면접관으로의 입문 단계라고 할 수 있는 초보면접관은 면접관에게 필요한 면접 관련 전문 지식과 기술을 학습하기 위해 노력해야 한다. 그러면서 그러한 지식과 기술을 면접 현장에서 직접 수행하며 실전 경험을 통해 전문면접관에게 요구되는 역량의 부족한 부분들을 채워 나가야 한다. 그렇게 경력을 쌓아 가다 보면 점점 발전해 가면서 전문면접관이 되어 갈 것이다.

그러기 위해서는 면접관으로 참여할 수 있는 기회가 있어야 하는데, 생각보다 그렇게 쉽게 얻어지는 것은 아니다. 특히 공공기관의 NCS 기반 블라인드채용에 평가위원으로 참여하는 면접관의 역할은 매우 중요하기 때문에 면접관으로서의 역량이 기본적으로 갖춰져 있어야 지원할 자격이 있다고 할 수 있다. 즉 면접관의 지식, 기술, 태도가 적절하게 준비되어 있어야 한다. 그리고 자신의 참여 의사를 밝히는 것이 중요한데, 앞에서 말한 면접관 커뮤니티나 면접관 양성 교육기관 등에 적극적으로 지원하면 추천 우선순위에 놓일 수 있다.

또 처음부터 바로 면접관으로 참여하기보다는 채용단계를 이해하고, 지원자의 역량을 자소서를 평가하는 서류평가부터 경험을 쌓는 것이 좋다. 실제로 면접관은 면접평가만 하는 것이 아니라 서류평가에도 참여하기 때문에 채용평가 환경과 문화에 적응하고, 인지도를 쌓아 가기 위해서는 가능하다면 많이 참여하는 것이 도움이 된다. 서류 평가를 통해 채용기관이나 채용대행기관, 플랫폼 커뮤니티 등에 평가위원으로서 전문성과 인성을 갖춘 긍정적인 이미지를 심어 준다면, 이후 면접관으로서 참여할 기회가 주어질 것이다. 그러므로 어떤 평가 기회든지 소홀히 하지 말고, 최선을 다하는 태도로 임해야 한다. 왜냐하면 그 반대의 경우로 부정적인 이미지로 보여진다면, 면접관으로서 참여할 기회가 주어지기 어려워질 가능성이 높다.

❷ 전문면접관 - 성장 단계

면접관으로서 성장 단계에 있는 전문면접관은 본격적인 활동 시기로 접어들었다고 볼 수 있다. 그동안 다양한 면접 현장에서 실전을 통해 경험한 면접관으로서의 노하우가 축적되어 있어 능숙하고 원활한 면접평가를 수행하게 된다. 그러나 자칫 겸손을 잃고 교만해지거나 너무 의욕이 앞서 과도한 열정을 보이는 것을 경계해야 한다. 한 곳 한곳, 평가 현장에 갈 기회가 늘어나는데, 초심을 잃지 말고, 정성을 쏟아야 한다. 그리고 더 보완해야 할 부분을 찾고, 지속적인 자기개발을 통한 역량 강화에 꾸준히 힘써야 한다.

그러면서 채용기관, 채용대행기관의 업무 담당자들과의 신뢰 형성 및 면접관 추천 플랫폼을 운영하는 커뮤니티와 긍정적인 관계를 형성하고 유지하려는 노력이 요구된다. 면접 일정에 대한 신청과 확정을 기다리는 과정, 그리고 면접 현장에서 전문면접관으로서 당연히 보여줘야 할 지식과 기술, 태도에 대해 기대에 어긋나지 않도록 성실함으로 일관성 있게 행동해야 한다. 특히 시간 약속을 잘 지키고, 원만하게 소통하며, 면접 일정을 무사히 마칠 때까지 평상심을 잃지 않도록 노력해야 하며, 돌발 상황이 발생하더라도 능숙하게 대처하고 극복하는 여유를 보여야 한다.

그리고 일정 관리와 및 자신의 신체적·심리적 컨디션을 잘 조절하는 것이 중요하다. 면접 기회가 많아지고, 장거리를 이동해야 하는 경우도 있고, 시간 여유가 없어 식사나 숙면을 제대로 취하기 어려운 상황도 잦아진다. 너무 무리한 일정으로 자기 관리에 소홀해질 수 있는데, 그렇게 되면 면접관의 평가 과정과 결과에 오류나 질적 저하를 초래할 가능성이 높다. 그러므로 면접관은 신체적·심리적 건강을 유지하기 위해 규칙적인 습관을 형성하고 우선적으로 관리해야 한다. 식사, 숙면, 운동 등을 통한 건강 관리야말로 전문면접관에 요구되는 가장 중요한 역량 중의 하나라고 하겠다.

❸ 고수면접관 - 유지 단계

이제 전문면접관으로서 활동을 오랫동안 계속 유지해 가면서, 지속 가능성을 염두에 둬야 할 고수면접관 단계이다. 전문면접관으로서 어느 상황에 놓이든지, 어떤 평가 현장에 가게 되더라도, 평가 목적과 평가 요소, 평가 방법 및 평가 시스템을 빠르게 파악하고, 현장의 환경에 적응하며 성과 달성을 무리 없이 해내는 베테랑 면접관이라고 할 수 있다.

이 단계에서 주의할 점은 바로 자만심과 매너리즘이다. 더욱 겸손한 태도로 임해야 함을 잊지 말아야 한다. 채용절차에 관해 개정되거나 추가된 법규, 그리고 최신 채용시장의 동향과 면접트렌드에 관한 정보에 뒤떨어지지 않도록 민감해져야 한다. 그러기 위해서는 나태해지지 말아야 하는데, 초보면접관이나 전문면접관 시기 때와 다름없이 정기적인 재교육이나 보수 교육 개념으로 면접관 교육 과정을 이수하는 것이 좋다. 또 지속적으로 면접관 커뮤니티 활동을 이어 가며 새로운 정보를 습득하고 활용해야 한다.

또 오랜 경험으로 형성된 평가 습관으로 인한 면접관의 평가 오류에 대해 더욱 세심한 주의를 기울여야 하고, 자기 확증편향(確證偏向)에 빠지지 않도록 객관적인 평가를 하기 위해 부단한 노력이 요구된다. 특히 이 단계에서는 면접위원장 역할을 수행할 기회가 많은데, 초보면접관이나 타 면접관을 무시하는 듯한 발언이나 태도를 보여서는 안 된다. 서로 존중하고 배려하는 성숙한 자세로 바람직한 면접관의 모습으로 귀감이 되고, 원활한 면접 진행으로 평가를 마칠 수 있도록 주어진 역할 수행에 자신의 역량을 다해야 한다.

그리고, 이 시기에는 면접관을 교육할 기회가 주어지게 된다. 면접관 교육에 반드시 포함되어야 할 핵심사항이나 의무사항을 중점적으로 교육하되, 자신이 면접 현장 경험을 통해 알게 된 실전 노하우를 이해하기 쉽게 전달해 주는 것도 도움이 된다.

Chapter 3

면접관의 희로애락과 자기 관리 전략

면접관이라는 직무를 수행하며 직업으로 여길 수 있을 만큼 본격적으로 활동하다 보면 다양한 상황에 직면하게 된다. 인생은 멀리서 보면 희극이고, 가까이서 보면 비극이라고 하듯이 면접관이 걸어가는 삶의 길에서도 희극과 비극이 섞여 있다. 그 희극과 비극의 종류와 정도는 상황에 따라 다르지만, 대략적으로 겪게 되는 일들은 비슷비슷하다. 기쁘고 즐거운 상황들에서는 행복감을 맛보고, 힘들고 어려운 상황들을 만나면 받아들이거나 해결해 가면서 극복해야 한다. 그야말로 삶의 희로애락(喜怒哀樂)이 함께하는 역동적인 직무임에는 틀림없다. 예측 가능한 일들도 있고, 예기치 못한 돌발 상황이 발생하기도 한다. 하지만 세상의 어느 직업이든 항상 좋을 수만도, 항상 안 좋은 것만도 아니기에, 당연히 명(明)과 암(暗)이 있으리라 여기며, 원치 않은 일들에도 초연한 자세로 감내하면서 묵묵히 걸어가는 것이 면접관으로서 지속적인 활동을 하기 위한 태도이다.

그러면 필자가 경험해 온 바를 토대로 면접관이라는 직업에서 겪게 되는 희로애락의 상황들과 그러한 요인들을 대하는 자세에 대해 말해 보겠다. 다시 말해 어떠한 마음가짐과 태도가 필요하고, 또 어떠한 자기 관리가 효율적인지 핵심사항들을 살펴보고자 한다.

❶ 면접관으로서 겪는 '희(喜)'

면접관으로서 활동하는 데에서 만나는 기쁨으로 '희(喜)'를 느끼는 상황은 언제이며, 무슨 요인일까? 여러 가지가 있겠지만, 대표적으로 면접관 일정 참여에 대한 가능 여부를 묻는 섭외 연락, 그리고 참여 확정에 대한 통보 안내, 면접평가 참여 후 받는 긍정적인 피드백이 가장 큰 기쁨이다.

면접관으로 참여하기 위해서는 채용기관이나 채용대행기관 또는 면접관을 파견하는 플랫폼 업체로부터 섭외 연락을 받는 것으로부터 첫 단추가 끼워지듯 모든 절차가 시작된다. 면접관은 그 섭외 연락이 오기를 기대하며 기다리게 되는데, 그러던 중 어느 날 문득 받게 되는 문자 메시지나 걸려 오는 전화는 기쁨을 주는 순간이다. 그래서 사뭇 상기된 목소리로 밝은 미소가 전달될 듯 문자에 답장을 하거나 전화에 응답하게 된다. 아직 면접관으로 확정되지는 않고, 2배수나 3배수로 후보 명단으로 들어가는 절차가 대부분이지만, 그래도 선정될 것이라는 희망을 갖게 되며, 개인 일정을 조정하기 시작하게 된다.

면접관으로서 맛보는 '희(喜)'의 다음 상황은 바로 면접 섭외 연락을 받고 참여를 신청했었던 기관으로부터 선정되었다는 통보를 받는 순간이다. 고대하던 응답을 받게 되었으므로 안심이 되어 더욱 기쁨이 커지게 된다. 저절로 함박웃음이 나오고, 마음은 이미 면접 현장에 가 있는 것처럼 다소 들뜨기도 한다. 확정된 면접평가 일정을 개인 일정표에 확실히 기록해 두고, 그날이 오기를 기다리는 과정도 또 하나의 기쁨이다.

그리고 세 번째 기쁨을 맛보는 상황은 평가 당일 면접 현장이다. 면접 현장에서 역량을 발휘하며 성공적으로 평가를 마치고, 무사히 종료를 하게 되었을 때의 만족감은 어디에 비할 바 없이 커진다. 더구나 평가 후 면접관으로서의 임무와 역할 수행에 대한 긍정적 피드백을 받게 되면 기쁨은 한층 배가 된다. 면접평가를 함께한 타 면접관들은 물론이고, 채용기관과 채용대행기관의 담당자들로부터 받는 감사 인사와 칭찬에 면접관으로서 보람과 자긍심을 느끼게 된다. 그러한 긍정적 피드백을 받기 위해서는 면접관의 전문성과 인성을 잘 갖추고, 행동으로 나타내며 성실하게 임해야 한다. 그리고 칭찬으로 인정받았을 때 더 겸손한 자세로 자신을 돌아보고, 그날의 일정을 복기해 볼 필요가 있다. 그런 과정을 통해서 면접관으로서 누리는 기쁨의 순간들을 지속적으로 맛볼 수 있을 것이기 때문이다.

❷ 면접관으로서 겪는 '로(怒)'

면접관이 겪게 되는 '로(怒)'의 상황은 언제, 어떤 것일까? 여러 가지가 있겠지만, 그중에서도 면접관 참여 신청 후, 선정되지 못했다는 탈락 통보가 될 것이며, 면접 현장에서 일어나는 예상치 못한 돌발 상황, 특히 함께 평가하는 타 면접관, 즉 동료 면접관의 비전문가적인 평가 방식이나 배려 없는 언행 등에서 일어나는 부정적 감정이 이에 해당할 것이다. 물론 필자의 경험으로 보아 참을 수 없을 만큼의 분노로 폭발한다거나 크게 화가 나 견딜 수 없는 정도까지는 아니다. 다만, 면접관으로 활동하지 않는다면 겪지 않아도 될 일에서 일어나는 감정이며, 종종 발생하게 되는 상황으로 그리 특별하게 여기거나 심적 스트레스를 크게 받을 필요는 없다. 침착하게 상황을 받아들이고 심리적으로 흔들리지 않도록 감정 조절과 동기 유발을 할 수 있어야 한다.

면접평가 일정에 참여 신청을 하고, 선정 결과를 통보받을 때까지, 사실 불안함을 떨칠 수가 없다. 그 과정을 인내하며 기다린 결과가 선정되지 못해 참여할 수 없다는 연락을 받으면 아쉬움이 크지만, 그렇다고 화를 낼 수도 없다. 특히 면접관으로 참여하겠다고 배수 추천 후보에 지원한 후 결과통보를 기다리는 동안, 그보다 더 좋은 조건의 섭외가 들어와도 응해서는 안 된다. 예를 들면 이동 거리가 더 가깝거나, 교통편 등 접근성이 편리한 곳이거나, 더 편안한 일정에 높은 심사 비용, 또는 더 긴 일정으로 섭외 연락을 받더라도 응할 수가 없다. 금상첨화로 배수 추천이 아니고, 단수 추천이어서 즉시 참여가 확정되는 경우가 있더라도 이중, 삼중으로 참여 신청을 해서는 안 되며 거절 의사를 명확히 해야 한다. 그렇기에 먼저 참여 의사를 밝힌 평가 일정의 선정 결과에 탈락 통보를 받으면 안타까움이 커진다. 그래도 자신이 선택한 결과에 대해 불평하지 않고, 또 신청하는 그 순간에 맛보았던 기쁨과 감사의 마음을 간직하면서 담담하게 수용하고, 그다음을 기다리는 것이 가장 바람직한 면접관이다.

그리고 면접관이 겪게 되는 또 다른 '로(怒)'는 바로 면접 현장에서 일어난다. 그중에서도 동료 면접관의 전문성 부족에서 기인하는 평가 방법이나 인성의 결함으로 나타나는 면접관으로서 해서는 안 되는 돌발 행동 등이 바로 그러한 경우다. 그럴 때는 스트레스로 작용하게 되고, 유쾌하지 못한 감정으로 지내게 된다. 면접관들은 매우 긴박하게 돌아가는 시간표대로 움직이며, 구조화 설계된 평가 요소들을 민첩하게 협업하며 평가해야 하는 팀워크를 발휘해야 한다. 그런데 종종 어떤 면접관들은 그러한 협업을 저해하는 행동을 하는 경우가 있다.

예를 들면, 이타적이지 못하고 이기적으로 행동하거나, 면접관으로 하지 말아야 될 언행으로 지원자나 타 면접관에게 무례한 경우가 있다. 지나치게 자기주장을 강하게 하거나, 주관적 판단 결과로 명백한 평가 오류를 고집하기도 하며, 시간 관리를 하지 못해 전제적인 균형을 무너뜨리는 면접관도 있다. 물론 앞의 모든 경우를 다 보여 주는 면접관은 흔치 않지만, 어느 한두 가지 문제점을 가진 면접관을 만나는 경우는 생각보다 빈번히 일어난다. 이른바 '폭탄면접관'이라고 불리는데, 그런 비전문적인 면접관들과도 효율적인 의사소통으로 효과적인 협업을 해야 전문면접관이다. 동시에 면접관 자신도 혹시 그런 행동 습관을 가지고 있지 않은지 객관적으로 자신을 체크해 보고, 어떠한 돌발 상황이 발생하더라도 잘 적응하며 최적의 성과를 올리기 위해 더 노력하는 것이 좋겠다.

❸ 면접관으로서 겪는 '애(哀)'

면접관이 겪게 되는 '애(哀)', 이 또한 주체할 수 없을 만큼의 슬픔은 아니다. 그러나 아쉬운 감정을 넘어 가슴을 울리는 경우가 있고, 신체적으로 겪는 현실적 어려움이 심리적 어려움으로 이어지기도 한다. 그런 상황은 면접평가에서 불가피하게 지원자에 대한 탈락 결정을 해야 하는 경우가 그렇다. 또 면접 현장까지 교통편을 알아보고, 장거리를 이동해야 하며, 숙소 예약 및 숙박하는 과정에서 겪는 어려움, 그리고 면접평가 현장에서 빼곡한 평가 일정으로 인해 휴식 시간마저 제대로 사용할 수 없을 때 겪는 어려움이 대표적이다.

특히 초보면접관으로 참여할 때 대부분의 면접관들이 겪는 슬픈 감정은 바로 지원자들을 탈락시키는 것에서 오는 안타까움이다. 면접 지원자들이 면접평가에 오기까지 남다른 노력과 피나는 고생을 다했을 것이며, 합격에 대한 간절함이 클 텐데, 면접관이 제한된 짧은 시간 동안 그들을 평가하고 당락을 결정지어야 한다는 부담감이 큰 것이다. 더군다나 지원자의 역량이 상당히 우수하지만 조직과 직무에 대한 적합성이 부족해 낮은 점수를 부여하고 탈락하게 되는 경우에는 솔직히 미안한 마음까지 들기도 한다.

그러나 면접관으로서의 전문적인 판단으로 채용목적 달성을 위한 인재 선발의 원칙과 기준을 지키고, 객관적이고 이성적으로 평가해야 된다는 책임감과 사명감을 가지게 되면, 그러한 개인적인 감정에서 자유로워질 수 있게 된다. 또 탈락자들은 자신의 역량을 더 키우고, 준비해서 다음 기회에 도전하거나, 오히려 자신의 역량에 더 적합한 기관이나 조직, 직무를 찾는 것이 더 바람직하다는 결론에 도달하면 그들을 응원하는 마음이 되며, 면접관의 마음도 편안해질 수 있다.

한편, 면접관은 면접평가 현장에서 신체적, 생리적으로 어려움을 겪는 일이 자주 발생하는데, 이는 자칫 정신적, 심리적 애로사항으로까지 발전될 수 있으므로 적절히 잘 조절해야 한다. 면접 시간표는 대부분 휴식 시간이 별로 없이 촘촘하게 짜이고, 오차 없이 진행된다. 면접이 시작되기 전부터 사전 오리엔테이션부터 평가 요소 및 평가 시스템 이해, 및 구조화 면접을 위한 면접관들의 협의 시간 등 해야 할 일에 비해 주어지는 시간은 매우 짧다. 그러다 보면 쉬는 시간을 가지는 게 쉽지 않고, 화장실 이용 시간도 만만치 않을 때가 있다. 그럴 때면 참아야 하거나, 잠시 틈을 내어 뛰어다니다시피 생리현상을 해결해야 되는 경우가 많다. 신체적 컨디션이 좋지 않다면 견디기 힘든 중노동이 될 수도 있다. 면접평가는 상당히 많은 에너지를 필요로 한다. 전체적인 일정표를 면접 시작 전에 미리 확인하고, 자신의 신체적 컨디션 관리와 생리현상 조절도 중요한 사항이다.

또 공정채용과 면접에 집중할 수 있도록 면접평가 시간 동안에 면접관의 휴대폰을 소지하지 못하도록 진행팀에서 수거해 가기도 한다. 요즈음에는 전원을 끄거나 무음 처리 후, 소지하는 것 정도는 허용하는 경우가 많은데, 중요한 전화를 놓치거나 면접과 관련된 다른 섭외 연락을 받지 못하고 기회를 잃는 불편함을 감수해야 한다. 면접관으로 참여하는 이력이 늘어나다 보면, 그러한 상황들에도 익숙해지게 되고, 불만 없이 수용하는 자세로 초연해진다.

❹ 면접관으로서 겪는 '락(樂)'

면접관이 누리는 즐거움, 락(樂)에는 무엇이 있을까? 필자는 면접관으로서 겪는 희로애락 중, 즐거움이 가장 많다. 그 즐거움은 어려움을 극복하는 힘이 되기도 한다. 면접관, 특히 공공기관 전문면접관으로 활동하게 되면, 다양한 공공기관을 방문할 수 있고, 그 공공기관의 인재를 선발한다는 자긍심이 가장 큰 즐거움이다. 또 함께 평가하는 면접관들은 다양한 분야의 전문가들인데, 면접을 통해서 만날 수 있고,

짧은 시간과 제한된 환경이지만 협업할 수 있다는 즐거움은 매우 큰 만족감을 준다. 그리고 전국 방방곡곡에 소재해 있는 공공기관을 찾아다니면서 일과 여행을 병행할 수 있기에 먼 길도 고맙게 느끼며 즐거운 마음으로 떠난다.

공공기관의 채용면접평가에 참여하는 전문면접관은 국가의 존립과 운영을 위한 인프라와 국민의 생존과 생활, 문화와 복지 등 삶의 기반에 필요한 업무들을 수행하고 있는 다양한 공공기관을 직접 가 볼 수 있다. 그리고 그 기관의 비전 체계와 인재상에 대해 알아볼 수 있고, 조직의 부서장이나 임원들과 함께 조직과 직무에서 필요로 하는 인재를 선발하는 면접평가를 한다는 것은 단순한 즐거움을 넘어 가슴 뿌듯한 긍지와 보람을 느끼게 된다.

그러면서 각각의 분야에서 면접관으로 참여한 전문가들을 만나 협업하는 즐거움은 면접관에게는 신선한 즐거움이다. 필자는 지난 수년 동안 면접관으로 활동하면서 적어도 수백 명이 넘는 면접관들을 만났고, 함께 일했을 것이다. 물론 면접 현장마다 만나는 사람들과 서로 많은 얘기를 나누거나 금방 친해진다거나 사후 교류를 다 이어 가는 경우는 드물다. 하지만, 개인적으로는 만날 기회를 갖기 어려운 다양한 전문가들과 함께 국가의 중요한 과업을 수행하며, 면접을 성공적으로 마치기 위해 소통하며 협업하는 것은 생각만 해도 기분 좋은 일이다. 그리고 그렇게 알게 된 면접관들은 이미 서로 면접관으로서의 역량이 검중되었기에 다른 기관에 소개하거나 추천하는 기회를 만들어 서로 도움을 주고받는 관계로 이어 가기도 한다. 그리고 강의나 컨설팅 등으로 업무 영역을 확장해 가며 지속적인 상생관계로 발전시켜 가는 것은 덤으로 얻는 즐거움이다.

Chapter 4

면접관의 핵심 역량, 커뮤니케이션 스킬

커뮤니케이션(Communication)은 개인이나 조직에서 정보, 아이디어, 의견 등을 주고받는 과정을 말한다. 이 과정은 언어, 비언어적인 요소를 포함한 시각적, 청각적 수단을 통해 이루어지며, 상호 간의 이해와 협력을 도모하는 역할을 하게 된다. 즉 서로가 가지고 있는 생각과 뜻이 통하는 것이다.

그러므로 효과적인 커뮤니케이션은 구성원들 간의 이해와 협력을 촉진시켜 업무의 효율성과 협업의 품질을 향상시킨다. 또 조직의 목표와 방향성을 공유하고, 문제를 해결하는 데에도 중요한 역할을 한다. 따라서 커뮤니케이션은 개인 간 소통뿐만 아니라 조직과 고객, 이해관계자 간의 소통에도 큰 영향을 미치고, 조직의 이미지와 신뢰도를 높이는 데에 도움을 주며, 이해관계자들과의 긍정적인 관계를 형성하는 데에도 기여하게 된다.

❶ 면접관의 커뮤니케이션 스킬의 중요성

면접관의 커뮤니케이션 역량은 면접 목적 달성을 위해 필수적인 요소이다. 이에 면접관에게 요구되는 역량 중, 커뮤니케이션 스킬의 중요한 이유에 대해 구체적으로 알아보겠다.

① **효과적인 질문:** 면접관은 지원자에게 명확하고 간결하게 질문할 수 있어야 하며, 이때 효과적인 커뮤니케이션 스킬이 요구된다. 지원자가 질문 내용을 쉽게 알아듣고, 그에 대한 답변을 하게 함으로써 면접관은 평가 요소에 대해 필요한 정보나 근거를 얻어야 하기 때문이다.

② **답변의 이해와 해석:** 면접관은 지원자의 답변 내용을 정확하게 이해하고 해석할 수 있어야 한다.

③ **경청의 기술:** 면접관은 지원자가 편안한 마음으로 자신의 생각을 충분히 말할 수 있도록 청자(聽者)로서 가져야 할 태도와 기술이 요구된다. 즉 지원자와 상호작용하며 답변을 이끌어 내야 한다.

④ **다양한 이해관계자들과 소통 및 팀워크:** 면접관은 긍정적인 분위기 속에서 원활한 면접 진행이 될 수 있도록 면접 현장의 다양한 이해관계자들과 원만하게 커뮤니케이션 할 수 있는 역량을 가져야 한다. 동료 면접관들과의 효율적인 팀워크를 위해 빠른 시간 내에 부드러운

관계 형성 및 의사소통 역량을 발휘해야 한다.

❷ 면접관의 커뮤니케이션 역량 부족으로 인한 문제점

면접관에게 커뮤니케이션 역량이 부족하면 여러 가지 문제점이 발생할 가능성이 있다.

① **평가 근거 및 정보 획득 부족:** 면접관의 커뮤니케이션 역량이 부족하면, 평가를 위한 지원자의 역량과 경험을 충분히 파악하지 못할 수 있다. 이로 인해 결과적으로 잘못된 판단이나 결정을 할 수도 있다.

② **지원자에게 질문의 오해와 혼란 초래:** 면접관이 질문을 명확하고 간결하게 하지 못하면 지원자는 질문 내용에 대한 오해할 가능성이 있다. 이로 인해 지원자는 답변에 혼란을 일으킬 수 있으며, 자신의 역량을 충분히 발휘하지 못할 수 있다.

③ **지원자의 불편과 불안 조성:** 면접관의 커뮤니케이션 역량 부족은 면접 질문과 답변으로 자신의 역량을 최대로 이끌어 내야 할 지원자를 불편하게 만들게 된다. 이로 인해 지원자는 불안한 느낌을 받을 것이고, 역량 발휘에 지장을 받을 것이며, 부정적인 결과로 이어질 가능성이 있다.

④ **평가의 공정성 훼손:** 면접관이 커뮤니케이션 역량이 부족한 경우, 지원자들을 공정하게 평가하기 어려울 수 있다. 효과적으로 질문하기 못하면 지원자의 답변을 효과적으로 이끌어내지 못할 뿐만 아니라, 이를 해석하는 과정에서도 오해가 있을 가능성이 높다. 이로 인해 능력 있는 지원자들이 기회를 놓칠 수 있고, 그 반대의 결과를 초래할 수도 있으므로 평가의 공정성을 훼손시키게 된다.

⑤ **동료 면접관 및 이해관계자들과의 팀워크 저해:** 면접관의 커뮤니케이션 역량 부족은 다수의 면접관이 긴박하게 협업해야 하는 면접 평가 분위기를 부정적으로 만든다. 나아가 면접 현장에서 함께 직무를 수행하는 다양한 이해관계자들과의 원활한 팀워크를 저해할 가능성이 있기 때문에 문제가 된다.

⑥ **채용기관과 조직의 이미지 손상:** 면접관의 커뮤니케이션 역량은 조직의 이미지에 영향을 미친다. 면접관은 기관과 조직을 대표하는 면접 서비스 제공자이다. 따라서 지원자들은 커뮤니케이션 역량이 부족한 면접관으로부터 받는 부정적인 인상을 기관과 조직에 대한 부정적인 이미지로 인식할 수 있다. 이는 채용기관과 조직의 평판에도 영향을 미쳐 고용 브랜딩에 악영향을 주게 된다.

앞에서 살펴본 바와 같이 면접관의 커뮤니케이션 스킬은 매우 중요한 핵심 역량이다. 그러므로 면접관은 자신의 커뮤니케이션 역량에 대해 냉철하게 들여다본 후, 보완하고 개선시키면서 강화해 나가야 한다.

이를 위해 매우 간단하면서도 빠르게 적용 가능하며, 효과적인 커뮤니케이션 전략을 소개한다. 바로 미국의 콜롬비아 대학, 심리학 교수인 윌리엄 마스턴 박사가 분류한 4가지 인간행동유형 DISC모델을 통해 구체적인 커뮤니케이션 스킬을 알아보겠다. 왜냐하면 사람은 각기 타고난 선천적 요인과 후천적 환경에 의해 형성된 습관에 따라 행동유형과 커뮤니케이션 스타일이 다르다. 그러므로 면접관과 지원자도 행동유형에 따라 커뮤니케이션 방식이 다르게 마련이고, 이에 면접관의 커뮤니케이션 역량 강화를 위해 인간행동유형 DISC에 따른 커뮤니케이션 특징 및 '말하기'와 '듣기'에 대한 스킬에 대해 정리하겠다.

❸ 인간행동유형(DISC) 모델별 특성 이해

인간행동유형 분류모델 'DISC'는 각각 다른 특성을 나타내는 4가지 행동 유형을 말하며, 알파벳의 첫 글자를 조합한 것이다. 이를 이해하기 위해 우선 각 유형에 대한 핵심적인 특성을 간단히 정리해 보면 다음과 같다.

▲ D(Dominance): 주도형
- 주도적인 성향으로 도전적이고 목표 지향적이다.
- 창의적인 리더십을 발휘하며 결단력과 추진력이 강하다.

▲ I(Influence): 사교형

- 사교적인 성향으로 활기차고 대인 관계를 중요하게 여긴다.

- 말을 잘하고, 감정 표현을 즐기며, 사람들의 관계를 촉진시킨다.

▲ S(Steadiness): 안정형

- 안정 지향적인 성향으로 원만하고 편안한 관계를 유지한다.

- 안정성과 지속성을 추구하며, 타인과의 조화, 팀워크에 협조적이다.

▲ C(Conscientiousness): 신중형

- 신중한 성향으로 객관적, 논리적이고 분석적인 습관을 가진다.

- 완벽과 정확성을 추구하며, 세밀하고 비공개적이다.

❹ 인간행동유형(DISC)의 모델별 커뮤니케이션 특징과 장단점

이러한 각각의 유형에 따른 행동 특징은 커뮤니케이션 스타일에서 강하게 나타난다. 그러면 DISC, 인간행동유형별 커뮤니케이션의 주요 특징과 각각의 스타일에서 비롯되는 장점과 단점에 대해 조금 더 구체적으로 살펴보겠다.

1) 주도형 D(Dominance)

▲ 커뮤니케이션 스타일과 특징

- 모호함을 피하고 직접적, 직설적으로 표현하며, 권위적이고 단호한 어조로 말함.
- 빠른 성과 달성을 위해 목표 중심적, 결과 중심적으로 대화하며, 통제하려고 함.

▲ 장점

- 결단력이 강하고, 도전적인 상황에서도 장애물을 제거해 나가며 자신감이 드러남.
- 주도적인 리더십으로 문제를 빠르게 해결하며, 목표 달성을 위해 강한 주장을 함.

▲ 단점

- 타인을 압도하는 말투나 무시하는 경향, 타인의 의견을 경청하지 않으려 함.
- 너무 빠른 판단과 결정으로 중요한 사항을 놓치거나, 간과하기 쉬움.

2) 사교형 I(Influence)

▲ 커뮤니케이션 스타일과 특징
- 외향적인 태도와 긍정적인 에너지로 대인관계 구축을 위한 의사소통에 능숙하고 즐김.
- 뛰어난 공감 능력과 표현 능력으로 타인의 감정을 이해하고, 격려하며 영향을 끼침.

▲ 장점
- 타인에 대한 공감과 이해 능력으로 관계 형성과 유지를 위해 활발한 대화와 의견 교환.
- 밝은 분위기 속에서 다양한 관심사와 흥미로운 주제로 대화와 협상에서 능력을 발휘함.

▲ 단점
- 성과 달성보다 대인관계를 위한 커뮤니케이션에 더 중점을 둠으로 업무 추진이 어려움.
- 일관성이 부족하거나 핵심 없는 대화로 말이 너무 많아지며, 주요 사항을 간과하게 됨.

3) 안정형 S(Steadiness)

▲ 커뮤니케이션 스타일과 특징
- 차분하고, 안정적인 분위기로 자신의 의견 제시보다는 타인의 주장을 존중하고 따름.
- 팀워크를 중시하고, 갈등을 회피하며 평화로운 분위기에서 의견의 조화를 이룸.

▲ 장점
- 편안한 대화 분위기와 평화를 유지하기 위해 타인의 감정에 공감하고 위로함.
- 갈등 상황보다 원만한 해결을 좋아하고, 자신의 의견을 말하기보다 타인의 말을 들어 줌.

▲ 단점
- 새롭고 혁신적인 아이디어의 부족, 자신의 의견을 타인에게 효과적으로 설득하지 못함.
- 의사 결정이 느리고, 판단을 어려워하며, 타인에게 너무 많은 양보와 수용적 자세가 됨.

4) 신중형 C(Conscientiousness)

▲ 커뮤니케이션 스타일과 특징
- 목표를 위해 체계적이고 논리적인 소통으로 분석적이고 근거 중심의 객관적 입장 유지.
- 오류를 최소화하기 위해 세부사항에 주의를 기울이고, 신중하고 절제된 언어를 사용함.

▲ 장점
- 계획적인 접근과 논리적인 커뮤니케이션으로 정확성을 위해 세부사항 확인해 완벽 추구.
- 문제를 분석하고 객관적으로 해결하기 위해 신중하게 검토하고 이성적으로 판단함.

▲ 단점
- 정확성과 완벽함을 위해 세부사항에 너무 집착해 큰 틀의 계획이나 진행에 차질을 빚음.
- 업무에 과도한 몰입, 비판적 태도, 타인의 감정에 소홀, 원만한 대인관계가 어렵게 됨.

앞과 같은 인간행동유형 DISC모델에 따른 각각의 커뮤니케이션 스타일에서 나타나는 특징과 장단점을 이해하는 것은 면접관으로서 커뮤니케이션 역량을 강화시키기 위해 매우 효과적인 과정이 된다. 그래서 면접관은 자신은 어떤 인간행동유형에 속하며, 그에 따라 주로 어떤 커뮤니케이션 스타일을 가지고 있는지에 대해 알아야 한다. 또 어떤 장점과 단점이 있다는 것을 명확히 인지하고, 면접 현장에서 면접관으로서 요구되는 커뮤니케이션 스킬을 사용하기 위해서는 어떻게 노력해야 하는지를 알아야겠다.

❺ 면접관의 인간행동유형(DISC)의 모델별 효과적인 커뮤니케이션 전략과 스킬

인간행동유형 DISC모델별 커뮤니케이션 역량을 강화하기 위한 전략이다. 각각의 유형에 따른 효과적인 커뮤니케이션 스킬로서 단점을 극복하기 위한 실천 방법을 제시한다. 즉 면접관으로서 지원자나 타 면접관들에게 바람직하게 말하는 방법인 화법(話法)과 듣는 방법인 경청(傾聽) 스킬이며, 가장 핵심적인 요점을 정리한 것이다.

1) 주도형 D(Dominance)의 단점을 극복하기 위한 커뮤니케이션 스킬

▲ 화법(話法) 전략: 말하는 스킬
- 여유 있는 마음, 온화한 표정과 목소리 톤을 낮추고, 천천히 말하기.
- 강압적인 어조 대신 부드럽게 말하고, 논리적으로 완성된 문장 사용.

▲ 경청(傾聽) 전략: 듣는 스킬

- 직관적 해석과 너무 빠른 판단 삼가, 가능한 끝까지 집중해서 듣기.
- 상대방 의견을 무시하지 않고, 존중하는 표정과 자세로 인내하며 듣기.

2) 사교형 I(Influence)의 단점을 극복하기 위한 커뮤니케이션 스킬

▲ 화법(話法) 전략: 말하는 스킬

- 차분한 마음으로 침착하게 말하기, 낮고 굵은 목소리 톤을 사용하기.
- 주제를 벗어나지 않게 일관성 있는 내용, 간략하게 핵심만 말하기.

▲ 경청(傾聽) 전략: 듣는 스킬

- 말하고 싶은 욕구 자제, 상대방의 말의 내용을 끝까지 집중해 듣기.
- 지나친 긍정과 감성 공감에 주의, 산만하거나 흥분하지 않고 경청.

3) 안정형 S(Steadiness)의 단점을 극복하기 위한 커뮤니케이션 스킬

▲ 화법(話法) 전략: 말하는 스킬

- 적극적인 태도로 목소리를 크게 하고, 또박또박 자신감 있게 말하기.
- 자신의 생각이 명확하게 드러나도록 논리적이고 완성된 문장 사용.

▲ 경청(傾聽) 전략: 듣는 스킬

- 단지 듣는 것이 아닌, 내용을 정확하게 이해하고, 핵심을 파악하기.
- 정보와 근거를 중심으로 빠른 판단하기, 궁금한 사항은 되질문하기.

4) 신중형 C(Conscientiousness)의 단점을 극복하기 위한 커뮤니케이션 스킬

▲ 화법(話法) 전략: 말하는 스킬

- 밝은 표정과 편안한 말투, 상대방이 이해하기 쉬운 내용과 용어 사용.
- 장황한 설명과 긴 문장 대신, 내용을 요약해 핵심만 간단히 말하기.

▲ 경청(傾聽) 전략: 듣는 스킬

- 상대방이 편안하게 말할 수 있도록 비판적이고 분석적 태도 삼가기.
- 과도한 몰입으로 지나친 세부사항에 집중하지 말고, 큰 틀에서 듣기.

이처럼 면접관 자신의 커뮤니케이션 스타일에서 나타나기 쉬운 단점을 어떻게 개선할 것인가에 집중적인 노력이 필요하다. 다시 말해 자신의 단점을 극복하여 면접 지원자들뿐만 아니라 면접 현장의 여러 이해관계자들과 효과적인 커뮤니케이션이 가능하도록 역량을 강화해야 한다는 것이다.

또 자신이 말하고 듣는 방법을 개선하는 것에서 그치지 않고, 효율적인 평가를 위해서는 더 나아가 지원자, 타 면접관 등이 어떤 행동유형으로 어떤 커뮤니케이션 스타일을 가지고 있는지 파악하며, 어떤 장단점이 있는지 빠르게 이해해야 한다. 그렇게 되면 면접관으로서 바람직한 커뮤니케이션 스킬을 발휘할 수 있게 되고, 면접관으로서 주위로부터 신뢰를 얻고 평가자로서 갖추어야 할 역량을 인정받게 될 것이다.

최근 우리 사회의 채용에 관한 공정성 요구는 전반적으로 매우 높아져 있고, 이에 공정채용을 위한 법적, 제도적 장치들도 늘어나고 있다. 채용 시 기업들이 지켜야 할 의무는 채용절차법, 남녀고용평등법, 개인정보보호법 등 여러 법률에 촘촘히 산재해 있고, 고용노동부는 2023년도 1월, 공감채용 가이드북 및 핸드북을 발간하여 기업들이 준수해야 하는 사항 등을 안내하고 실천을 독려해 왔다. 여기에 더해 공정채용에 관한 의문이 생기거나 문제점에 부딪힐 때는 즉각적인 해답을 얻을 수 있도록 2024년도 4월부터는 채용과정에서 필요한 노무·법률 자문을 온라인 중심으로 무료로 제공하는 상담센터도 개소하였다. 특히 면접평가에서 공정성이 훼손되지 않도록 차별 소지가 있는 질문 금지 등 실력 중심 채용에 대한 면접위원 사전 교육 관리를 더욱 강화하고 있다. 이처럼 공정채용 문화의 확산을 위한 정책은 계속 증가하고 있으며, 이미 이 책의 본문을 통해 공공기관은 더욱 적극적으로 실현해 나가고 있음을 충분히 알 수 있었다.

이처럼 공정채용 프로세스의 꽃이라고 할 수 있는 면접평가를 담당하는 면접관이 명확한 규정 및 상황 이해를 바탕으로 관련 정보를 습득하고, 필요한 전문적 자질을 갖추기 위해 지속적 관리와 역량을 강화해야 함은 시대적 요구사항이며 의무사항이다. 행여라도 면접에 대해 아직도 구시대적 사고방식으로 안일하게 대처한다거나 공정채용 면접관으로서의 자질을 함양하지 못해 역량이 부족한 평가위원이 면접관으로 참여하지 않도록 더욱 주의를 기울일 필요가 있다.

그런데 최근 채용시장이 커지고, 외부의 전문면접관 수요가 급격히 증가함에 따라 공급은 더 폭발적으로 늘어나는 추세다. 그러다 보니 면접관으로서 자격이 심각하게 부족하거나, 면접평가에 대한 교육 과정을 제대로 거치지 않아 공정채용 면접평가에 대한 인식이나 경험 부족으로 우려되는 경우 또한 많아졌다. 이러한 상황들은 채용기관과 채용대행기관에서 면접관 자격과 자질에 대해 더 엄격하고 세밀하게 관리해야 하는 이유가 되었다. 그런가 하면 공공기관의 내부면접관들은 본연의 업무 수행 중, 자의가 아닌 직위나 직책상 의무적으로 면접평가에 참여하게 되는 경우가 대부분인데, 정식으로 면접관 교육을 받을 기회를 얻지 못하거나, 면접평가에 참여한 경험이 전혀 없는 경우, 또는 공정채용에 대한 절차나 규정이 느슨했던 과거의 면접관 경험만 가진 경우도 상당수 있게 된다.

이러한 현실에서 채용기관이나 채용대행기관, 그리고 면접 전문가들이 대부분 공감하며 동시에 우려하는 문제가 바로 내외부면접관을 막론하고 '평가위원에게 필요한 전문성이나 인성을 충분히 가지고 있느냐.'는 것이다. 사실 면접 현장에서는 면접관이 준수해야 할 의무사항이나 해야 할 임무를 소홀히 하거나, 오히려 바람직하지 못한 언행을 하는 일들이 종종 발생하고 있다. 또한 면접관이 하지 말아야 할 질문 등 공정채용 프로세스를 지키지 않는 행동으로 인해 여러 경로를 통해 지원자들에게 민원을 제기 받거나 물의를 빚는 일들이 많아지고, 법률적인 제재를 받고 있다. 이에 대한 더 적극적인 대응과 철저한 예방이 절실하다.

이러한 시기에 이 책, 『공정채용 면접관 역량』에 담긴 내용은 이와 같은 문제점 해결에 큰 역할을 할 것이라고 확신한다. 이는 필자의 다양한 평가 현장 경험에서 우러나온 산지식을 바탕으로 면접관이 알아야 할 채용환경과 공정채용 문화, 그리고 면접관에게 요구되는 전문 지식과 기술에 대해 쉽게 설명했고, 특히 면접관이 지식과 기술을 어떻게 실무에서 적용하고 나타내야 하는지를 강조한 면접관의 태도를 알기 쉽게 기술해 놓았기에 면접관의 역량 강화와 공정채용 실현에 크게 도움을 줄 것으로 믿는다.

필자도 면접관으로서 전문성과 자질을 갖추기 위해 수많은 노력을 해 왔고, 면접평가와 면접관 교육 등 전문 면접관으로서 활동을 하다

보면 필연적으로 겪게 되는 스트레스와 극복해야 할 어려움도 있다. 하지만 그보다는 보람과 긍지, 즐거움이 훨씬 더 크기에 매우 감사하고 행복한 일이다. 이 책을 집필하는 동안 필자는 앞으로 면접평가에 관련된 일을 가능한 오랫동안 해 나갈 수 있도록 끊임없이 공부하며 역량 강화에 부지런해야겠다는 각오를 다지는 기회가 되었다.

끝으로 독자들께서도 공정채용 면접관으로서 역량 강화를 통해 공정채용 실현과 함께 면접평가 현장에서 자신 있게 능력을 발휘하시면서 즐겁게 협업하시고, 또 부단한 자기 관리와 퍼스널브랜딩으로 행복하게 살아가시길 바라는 마음으로 이 책을 헌정한다.

저자 신은희

공정채용
면접관
역량

ⓒ 신은희, 2024

초판 1쇄 발행 2024년 5월 2일

지은이   신은희
펴낸이   이기봉
편집   좋은땅 편집팀
펴낸곳   도서출판 좋은땅
주소   서울특별시 마포구 양화로12길 26 지월드빌딩 (서교동 395-7)
전화   02)374-8616~7
팩스   02)374-8614
이메일   gworldbook@naver.com
홈페이지   www.g-world.co.kr

ISBN   979-11-388-3120-8 (03320)